魔法および魔法界について

時代を進化させる魔法の力

大川隆法
Ryuho Okawa

まえがき

「僕の彼女は魔法使い」という映画を二〇一九年二月下旬から公開するにあたって、製作総指揮者として、「魔法」や「魔法界」、「白魔《しろま》術《じゅつ》」「黒魔術《くろまじゅつ》」についての概論を語ってほしいという要望に応えて、原作・原案の一部としての本書が語り下ろされている。ストーリー化する前のシナリオを書く前提の講義である。「魔法学」としてはかなり広汎《こうはん》なものになっている。映画を観《み》る前に読んだり、映画鑑賞後に読んで頂ければ、勉強になるだろう。

ストーリーのほうは映画を観て頂くとして、魔法や魔術というものが、単なるファンタジーで止まらず、宗教や超能力、霊能者にも実際に関係し、ある時は、科学者、政治家、芸術家にも影響することがわかるだろう。劇中歌《げきちゅうか》にも、たっぷりと魔法を使ってあるので、音楽としても味わって頂けると幸いである。

二〇一八年　十一月三十日

幸福《こうふく》の科学《かがく》グループ創始者兼総裁《そうししゃけんそうさい》　大川隆法《おおかわりゅうほう》

魔法および魔法界について　目次

まえがき　1

魔《ま》法《ほう》および魔法界について
――時代を進化させる魔法の力――

二〇一七年二月七日　説《せっ》法《ぽう》
幸福の科学　特別説法堂にて

1　魔法と科学技術　12
魔法に関する映画を二〇一九年に公開予定　12

かつての魔法は今、科学の力で多くの人が使えるものに　14
魔法世界の超人的《ちょうじんてき》能力は、さまざまな生き物が持つ機能に似ている　17
魔法のような機械だと思われていた初期のコンピュータ　19
ワープロやコンピュータを使える人が少なかった八〇年代　23
九〇年代後半、車内電話から携帯《けいたい》電話の普及《ふきゅう》へ　25
パソコンがもたらした仕事や生活の変化　27

2　魔法と霊能力《れいのうりょく》　30

「機械が及《およ》ばない部分」が魔法に見える——エジソンの霊界《れいかい》通信機研究　30
月の裏側を念写《ねんしゃ》した日本の霊能者　33
「霊界のエネルギー」と「電気エネルギー」は関係がある　34

電波の送受信に似ている遠隔透視《えんかくとうし》の仕組み　36
霊的存在は空間・時間を自由に移動できる　39
魔法には、未来の知識や技術がかなり含《ふく》まれている　40
「睡眠《すいみん》中の幽体離脱《ゆうたいりだつ》」は魔法使いの原型　43
未来科学ものの映画やドラマは、霊能力や魔法と関係が深い　45

3　歴史のなかの魔法・魔法使い　49

キリスト教が失った神秘性とハロウィンの関係　49
神の声を聞いたジャンヌ・ダルクを迫害《はくがい》した人々の心理　52
時代のトレンドをつくる「現代の魔法使い」たち　55

4 魔法使いと戦争・兵法《西洋編》 58

ゲルマンの黒魔術を使っていたヒットラー 58
神智学《しんちがく》や人智学《じんちがく》のなかにある「超能力によるエリート信仰《しんこう》」 60
黒魔術的な〝巨大《きょだい》カルト〟を発生させたヒットラー 64
チャーチルとルーズベルトが使った〝魔法〟 67

5 魔法使いと戦争・兵法《東洋編》 73

「三国志」「項羽《こうう》と劉邦《りゅうほう》」「信玄《しんげん》 対 謙信《けんしん》」の戦いに見る〝超能力合戦〟 73
「女の直感」で項羽の敗北を予感した虞美人《ぐびじん》 78
日露《にちろ》戦争における、霊能者・秋山真之《あきやまさねゆき》の活躍《かつやく》 80

国家の盛衰《せいすい》を分ける〝大魔法使いの戦い〟　82

6　「現代の魔法使い」になるには　84

「先天性の能力」と「後天的修行《しゅぎょう》によって身につく能力」　84
目的地を見誤ったまま魔法パワーを使うと破滅《はめつ》する　86
「国家 対 国家」の戦いにおける神の裁定《さいてい》　88
トランプ大統領は「世界のリーダー」となれるか　90
「この世を霊界に近づけたい」という思いが科学的発展・発明を促《うなが》す　92
「プレアデスの魔法」や「ベガの魔法」が働いている業界　95
学問・芸術の分野にも魔法の力が働いている　98

7　世界に存在するさまざまな魔法界　100

白魔術と黒魔術を分けるポイント　100
アジア・中東に広がる魔法の世界　101
「医学」のなかにも入っている魔法　104
魔法界にも天国的部分と地獄《じごく》的部分がある　108

あとがき　112

魔法および魔法界について

時代を進化させる魔法の力

2017年2月7日　説法《せっぽう》
幸福の科学 特別説法堂にて

1　魔法《まほう》と科学技術

魔法に関する映画を二〇一九年に公開予定

映画「君のまなざし」（製作総指揮・原案 大川隆法。二〇一七年公開）に続いて、二〇一八年には、「さらば青春、されど青春。」（製作総指揮・原案 大川隆法）という、私の著書『若き日のエル・カンターレ』（宗教法人幸福の科学刊）に書かれている青春期から立宗《りっしゅう》あたりをテーマにした映画が上映されました。

そして、私が原案を書いた実写映画のうち、その次に上映するものとして、現代の魔法《まほう》使いにかかわる映画をつくろうと計画しています（映画「僕《ぼく》の彼女は魔法使い」〔製作総指揮・原案 大川隆法。二〇一九年二月公開予定〕）。

ただ、魔法や魔法界、あるいは魔法使いについて話をした説法《せっぽう》はあまりないのではないかと思うので、今回は、その資料の一部にもなるように、思いついた範囲《はんい》で、考えていることをお話ししようかと考えています。

映画「僕の彼女は魔法使い」

製作総指揮・原案 大川隆法

主演 千眼美子《せんげんよしこ》

2019年2月22日ロードショー

STORY

人々の幸せを奪い去る黒魔術の脅威から、“愛の魔法”で世界を守る白の魔法使い・風花《ふうか》（千眼美子）。そんな彼女が、赤い糸で結ばれた「運命の人」を探し出し、時空を超えた戦いに立ち向かっていく。魔法とは？ 奇跡の力とは？ そして“神の愛を信じる”とは──。誰も体験したことがない感動作。

かつての魔法《まほう》は今、科学の力で多くの人が使えるものに

一般《いっぱん》に、絵本や小説、映画、ドラマ等で見る魔法《まほう》使いというのは、やや奇想天外《きそうてんがい》で、実在しない存在のように見えるのではないかと思います。

また、大きな流れで言っても、キース・トマスという人が『宗教と魔術の衰退《すいたい》』という大著を書いており、「近代というのは、魔術が衰退していく過程なのだ」というようなことを書いているのを、かなり昔に読んだ覚えがあります。

確かに、そのように見えるところもあるでしょう。

しかし、ある意味では、魔術とか魔法とかいわれる、「半ば《なか》空想、

● **キース・トマス**（1933～）　イギリスの近世史家、歴史人類学者。オックスフォード大学ベイリャル・カレッジ卒業後、同大学の近代史の特別研究員となり、1986年に同大学コーパス・クリスティ・カレッジ学寮長、1988年に同大学副総長となる。著作に『宗教と魔術の衰退』『人間と自然界』などがある。

半ば現実」のような言い伝えが、近代以降は、もう少し具体的なものになったり、科学的なものになったり、あるいは機械を使うものになったり、または、より普遍《ふへん》的で、いろいろな人が使えるかたちに変わったりしてきたのではないかと思うのです。

つまり、魔術が衰退したというよりは、「魔術のなかに秘められていた希望や理想、夢のようなものが具体化されてくる歴史が、実は、近代から現代に至る過程で起きてきた」のではないでしょうか。

そういう意味で、魔法使いという、ごく少数の選ばれし超能力者《ちょうのうりょくしゃ》のような者だけが使えていたものが、具体的に、多くの人に使えるようになってきたのだと考えてもよいのではないかと思います。

例えば、電話の原理などもそうでしょう。江戸《えど》時代以前の人に、「離《はな》れたところに住んでいる人と電話で話ができる」という話をしたとしても、ちょっと想像がつかないでしょうし、「外国の人とも電話で話ができる」などというのは、ほとんど信じられないことだろうと思います。

昔に読んだ、明治・大正・昭和の時代の世相《せそう》を書いた本などにも、「明治のころには、電信柱《でんしんばしら》の間に電信線や電話線が引かれると、それで物が送れるのだと思って、風呂敷《ふろしき》で包んだ荷物を縛《しば》りつけた人がいた」という話が載《の》っていました。当時の人には、そのように見えたようです。

確かに、電話線では声は送れますが、荷物は送れません。しかし、荷物についても、その後、宅配便などで早く送れるようになっています。

魔法《まほう》世界の超人的《ちょうじん》能力は、さまざまな生き物が持つ機能に似ている

また、魔法《まほう》の世界で描《えが》かれる超人《ちょうじん》的な人間はいろいろな能力を持っていますが、地球上のさまざまな生き物が持っている機能を分析《ぶんせき》してみると、実は、似たようなところがあるわけです。

例えば、鳥は自分で空を飛べますし、はるばる大陸を北から南に渡《わた》っていく渡り鳥のようなものもいます。彼らは、それほどのものを食べているとは思えませんが、ジェット機などが開発されるはるか昔から、ジェット機が飛ぶぐらいの距離《きょり》を、ガソリンも使わずに飛んでいたのです。

人類は、それを何千年、何万年と見ながら、「何とかああいうふう

になれないかな」と考え続け、それが、プロペラ機やジェット機等の発明につながりました。また、トンボなども長年ずっと見ていたのでしょうが、それがヘリコプターに変わっていったのかもしれません。

さらに、「人間が、馬のように速く駆《か》けられるようになれたらいいのにな」「人間の足では、なかなか遠い距離を走れないな」というような思いから、鉄道が敷《し》かれ、長距離を速く移動できるようになりました。

それから、魚は海を泳いだり潜《もぐ》ったりもできますが、それも、現実に、船や潜水艦《せんすいかん》に変わってきています。

このように、さまざまなものができてきたのです。

魔法《まほう》のような機械だと思われていた初期のコンピュータ

現代のファクシミリやスマートフォン、携帯電話《けいたいでんわ》などのいろいろな機能を持ったものや、コンピュータを使ったコミュニケーション手段もたくさんありますが、こういうものは、昔から見れば、ほとんど〝魔法《まほう》に近いもの〟であろうかと思います。

これは、一昔前《ひとむかしまえ》の人や、現在生きている世代の人から見てもそうでしょう。

私も、現代に生きてはおりますが、自分の生きている一時代のうちに、いろいろなものがどんどん変わっていくので、やや信じられないような状況《じょうきょう》ではあります。

今であれば、学生はみな、早いうちからコンピュータを習っていると思いますが、私が東京大学の教養学部の学生だったころは、コンピュータといえば、駒場《こまば》キャンパスの時計台の下に巨大《きょだい》なコンピュータが一台、ドーンとあるだけでした。

　そして、それを使うことが許されていたのは、やはり、統計学をやる人や天文学的な数学の計算をする人たちだけで、われら〝しがない〟文系の学生たちは、触《さわ》らせてはもらえませんでした。「おまえらには用はないだろう」ということで、見たことも触ったこともなく、コンピュ

世界初の電子デジタルコンピュータ「コロッサス」。第二次世界大戦中にドイツの暗号を破るために使われた。

1941年に開発された全自動デジタルコンピュータ（レプリカ）。

ータは特殊《とくしゅ》な人たちだけが使える、貴重《きちょう》な貴重な、魔法のような機械だったのです。

その後、大学を卒業して会社に勤め始めたころでも、会社のなかでデータを保存するような部署には大型コンピュータがありましたが、まだ、個人が使えるようなレベルではありませんでした。

日本では、ワープロ（ワードプロセッサ）というものが出てくる前には、和文タイプライターや英文タイプライターが使われていました。私も、アメリカにいたときには、ＩＢＭのタイプライターを使っていたのです。

和文タイプライター。

IBM社製の英文タイプライター。

そのころに、アップルコンピュータという会社がコンピュータを開発しました。一九八〇年代から九〇年代ぐらいのアメリカ映画などを観《み》ると、小型テレビのような少し奥行《おくゆ》きのあるもので、それにキーボードが付いたコンピュータが出てきますが、あれが、当時使われていたものです。

アメリカのオフィスではそのようなものを使っていましたが、日本では、私が帰国して二、三年してから、少しずつ入り始めました。ただ、それも、アップル型の大きい型のものを、課で一台か二台ぐらい、統計処理や表をつくったりする人用に置いていた程度でした。

1984年に発売されたアップル社製のコンピュータ、初代「Macintosh《マッキントッシュ》」。

ワープロやコンピュータを使える人が少なかった八〇年代

その後、八〇年代の後半に、日本ではワープロという、書類を作成する機械がサーッと流行《はや》っていったと思います。それ以前に、私の父と兄が学習塾《じゅく》を開いたときには、和文タイプライターを使って試験問題をつくっていたのをはっきり覚えているので、当時、ワープロはまだ普及《ふきゅう》していなかったと推定されます。

そして、幸福の科学が始まるころ（一九八六年に立宗）には、ワープロが少し出始めました。しかし、それを使える人は珍《めずら》しくて、見開き二ページぐらいの案内書をつくるのに、間違《まちが》えながら一生懸命《いっしょうけんめい》に打って、一週間かかるようなレベルの仕事だったのです。それでも、ワープロが打てるだけでも「すごいな」と言っていました。

しばらくすると、コンピュータのSE（システムエンジニア）が、ボランティアで少し手伝ってくれるようになりました。そういう非常に貴重な種類の人たちが、たまに手伝いに来てくれるようになり、コンピュータを少し使えるようになってきたのです。

ところが、その人に、「出家《しゅっけ》しないか」と声をかけたところ、逃《に》げられてしまいました。当時は、コンピュータのソフトを扱《あつか》える人は非常に貴重で、すごく値打ちが高かったのですが、「出家しないか」と言ったら、飢《う》え死にするとでも思ったのか、逃げられたわけです。当時は、コンピュータを使える人が少なかったので、そうとう給料は高かったのだろうと思います。

九〇年代後半、車内電話から携帯《けいたい》電話の普及《ふきゅう》へ

その後、九〇年代に入ってからはコンピュータがだんだん普及《ふきゅう》し始め、同時に、電話も、改良がかなり進んでいきました。

ただ、九〇年代の初めごろには、まだ車内電話（自動車電話）は普及していませんでした。当時、私が九州に行って帰ってきて、羽田《はねだ》空港に着いてから家に帰るまでの間に、「飛行機が一時間遅《おく》れて、帰るのが一時間遅《おそ》くなる」ということを家に連絡《れんらく》できなかったのを覚えているので、車内電話はなかったと思います。その後、固定式の車内電話を頼《たの》んで入れて

自動車電話「TZ-802型」（1982年）。

もらったのですが、まだ携帯電話《けいたい》はありませんでした。

携帯電話は、九〇年代の後半ぐらいから流行りました。特に、阪《はん》神《しん》・淡路大震災《あわじだいしんさい》（一九九五年）を契機《けいき》として、急に普及し始めたようです。

あのときは、地震が起きた神戸《こうべ》に、全国から電話がたくさんかかってきたのですが、電話線がパンクしてしまい、つながらないという状況が起きました。そのとき、唯一《ゆいいつ》連絡がつくのが携帯電話でした。まだそれほど普及はしていなかったものの、「被災《ひさい》した人のなかで携帯電話を持っている人が、神戸や淡路などの震災地から東京などにかけた場合には通じる」という現象が起きたのです。

それで、「これは携帯電話を持たなければ駄目《だめ》だ」ということで、一気に広がっていったように思います。

そして、携帯電話が流行った結果、自動車内での使用による事故が多発するようになったため、運転中の使用が禁止になったり、あるいは、ヘッドホン型のようなもので通話をするようになったりと、いろいろな経緯《けいい》がありました。

パソコンがもたらした仕事や生活の変化

そのうち、次第《しだい》にパソコン（パーソナル・コンピュータ）が流行ってきました。一九九〇年代の半ばぐらいには流行り始めていたと思います。

今、HSU（ハッピー・サイエンス・ユニバーシティ）でディーン（学部長）をやっている黒川白雲《くろかわはくうん》さんが、昔、私の秘書に入ったとき

● **HSU（ハッピー・サイエンス・ユニバーシティ）**　2015年4月に開学した「日本発の本格私学」。「幸福の探究と新文明の創造」を建学の精神とし、「人間幸福学部」「経営成功学部」「未来産業学部」「未来創造学部」の4学部からなる。千葉県長生村《ちょうせいむら》と東京都江東区にキャンパスがある。

に、パソコンを入れて打ち始めたので、それが伝染病のようにうつってしまい、秘書がみなパソコンを打ち始めました。

当時は、夏はオフにして、夏休みによく山のほうへ行き、ログハウス、つまり丸太小屋のなかで〝非文明的生活〟を二週間ぐらいしていたのですが、パソコンが入ってからは、そうはならなくなりました。みな、机にパソコンを置いて事務仕事をし始めたので、〝下界《げかい》〟と同じ状態になってしまったのです。

いつでも情報が来たり出たりするようになってき始めたので、「あれ？　これでは休みにならないじゃないの」という感じで、休めなくなったのを覚えています。

初期のころは、山のほうへ行くと、新聞を買いに行くのも大変な〝難行《なんぎょう》〟で、朝早くに車で山を下りて買いに行かなければならなかったので、新聞を読まなくてもよい状態だったのですが、だんだん情報が全部入ってくるようになってきたのです。

2　魔《ま》法《ほう》と霊《れい》能《のう》力《りょく》

「機械が及《およ》ばない部分」が魔法に見える——エジソンの霊界《れいかい》通信機研究

ここまで述べてきたように、「魔法《まほう》」や「魔術」といっても、単に衰退《すいたい》していっただけではなく、それを「学問」や「科学」等を通じて現実化する努力や機能があって、魔法使いではない多くの人たちが使えるようになっていく歴史であったのです。

ただ、「未開拓《みかいたく》の部分」については、まだまだ研究の余地があり、みなが手にしていない力を持っている人がいたら、それは今でも魔法使いのように見えるでしょう。言葉を換《か》えれば、「超能力者《ちょうのうりょくしゃ》」や「霊能力者《れいのうりょくしゃ》」がそれに当たるのかもしれません。

発明王のエジソンも、晩年に、取り憑《つ》かれたように霊界《れいかい》通信機を開発しようとしていたと言われています。幸福の科学の「永遠の法」というアニメ映画（製作総指揮・大川隆法。二〇〇六年公開）にも出てきますが、エジソンは霊界通信機を開発するつもりだったようで、もし彼がそれを開発していたら、私の今の仕事も、かなり〝給料が安く〟なっているはずだ

映画「永遠の法」に登場する、霊人となったエジソン（上左）。主人公たちに霊界通信機（上右）の設計法を教え、霊界へと誘《いざな》う。

と思うのです。おそらく、「その霊界通信が正しいかどうかを、文面を見ながら判定する」ぐらいの仕事になっていたのではないかと思いますが、彼が成功しなかったために、私はまだ宗教家として〝生き延《の》びて〟おります。

そういうことで、確かに、摩訶《まか》不思議な領域はだんだん狭《せば》まってきてはいますが、それが普通《ふつう》にできるようになってきたら、今度はまた、今まで気がつかなかったことに不思議を感じる時代に入ったのではないかと思います。

昔は、「月でウサギが餅《もち》をついている」という話が通用するような時代だったのですが、今はもう、それを言う人はいないでしょう。

月の裏側を念写《ねんしゃ》した日本の霊能者《れいのうしゃ》

それから、明治時代から昭和初期にかけての日本には、月の裏側を透視《とうし》して念写《ねんしゃ》した人（三田光一《みたこういち》）もいました。そういう念写能力のある人がいて、福来友吉《ふくらいともきち》という東京帝国《ていこく》大学の心理学の助教授だった人物が中心となって実験が行われたのですが、彼は東大を追放されていました。

もし、その当時に月の裏側まで宇宙船が飛んで写真を撮《と》ってこられたなら、それが合っているかどうかを確認できたのですが、当時は月に行く手段がな

福来友吉（1869～1952）　日本の心理学者。東京帝国大学助教授時代、御船《みふね》千鶴子《ちづこ》、長尾郁子《ながおいくこ》、高橋貞子《たかはしさだこ》らを対象に透視や念写の実験を行い、『透視と念写』を著すも、学問として受け入れられずに東大を追放される。その後も高野山大学等で心霊研究を進め、三田光一による月の裏側の念写実験等を行った。

かったので、嘘《うそ》か本当かが分かりませんでした。

その後、実際にアポロ宇宙船等が飛んで写真を撮ってきたら、その念写した月の裏側の写真とほぼ同じだったともいいます。したがって、「月の裏側を透視して、念写によってフィルムに焼きつけることが現実にできる」ということが、今では分かります。

しかし、明治時代や大正時代、昭和初期には、それが迫害《はくがい》の対象になったのです。

「霊界《れいかい》のエネルギー」と「電気エネルギー」は関係がある

これは、ホラー映画の「リング」や「らせん」（共に一九九八年公開／東宝）などの物語の始まりの部分にもなっているのですが、そのモデルになった霊能者《れいのうしゃ》（御船千鶴子《みふねちづこ》）の子孫《しそん》と思われる「貞子《さだこ》」が、長い髪《かみ》を垂らした幽霊《ゆうれい》になってビデオに登場したり、ビデオがなくなったら、次はインターネット動画に登場したり、どんどん文明の進化に合わせていろいろなかたちで出てくるようになってきています。

実際に、「霊界のエネルギーの移り変わり」と「電気的なものの移動」とは関係があるらしいことは分かっているのですが、今のところ、合理的に説明するところまでは、なかなか行きません。ただ、何らかのエネルギー変換《へんかん》ができるのではないかと思います。

例えば、放送局から電波を発信したとします。その空中に出た電波は、受信機で受信してテレビの〝箱〟のなかへ移せば、映像となって出てきます。

こういうものは、私のように霊能力を日々使っている者にとっては、ある意味では、「現実の原理」として使っているものなのです。

電波の送受信に似ている遠隔透視《えんかくとうし》の仕組み

透視《とうし》といわれるものも、それによく似たものであり、「現実に向こうにあるものが、そうした電波に乗せられてこちらへ来て、受信機に映すときに形態化したら、このように見える」というような感じかもしれません。

私が遠隔《えんかく》透視をするときには、そのように視《み》えます。どうしてそのようになるのかは分かりませんが、地球の裏側で起きていることでも、視ようとすれば視ることができます。以前に、「エリア51というアメリカの空軍基地において、ＵＦＯの開発をしているのではないか」というところまで、基地内に潜入《せんにゅう》して突《つ》き止めた本を出したこともあるぐらいです（『ネバダ州米軍基地「エリア51」の遠隔透視』〔幸福の科学出版刊〕参照）。

それに関しては、「よく入れましたね」と言う人もいます。「ああいうところは、外国からの超能力者によくスパイされるので、基地のなかには〝超能力者返し〟の要員が控《ひか》えていて、侵入《しんにゅう》してきたらそれをブロックするようにしているはずだから、入れないようになっているのに、よく入れましたね」と、何か気持ちの悪い、変なほめられ方をしました。「どうやって入っ

大川隆法「遠隔透視」シリーズ

右から、『ネバダ州米軍基地「エリア51」の遠隔透視』『遠隔透視　ネッシーは実在するか』『ダークサイド・ムーンの遠隔透視』『中国「秘密軍事基地」の遠隔透視』（いずれも幸福の科学出版刊）。

たのですか」ということを言われたので、そこまで事情に詳《くわ》しい人もいるようです。

私は、精神統一をしていくと、魂《たましい》の一部分がスーッと移動していくような感じで、入っていけるのです。

それを別の人が霊視《れいし》したら、もしかしたら、火の玉のような「小さい魂の塊《かたまり》」が飛んで行っているのかもしれません。魂の本体はこちらに残っているのですが、視覚部分のあたりにある、念力《ねんりき》系の霊体《れいたい》の一部が飛んで行って潜入していけるのです。

同じようなかたちで、ネス湖にも潜《もぐ》り、ネス湖のなかに怪獣《かいじゅう》がいるかどうかを霊査《れいさ》したことがあります（『遠隔透視 ネッシーは実在するか』〔幸福の科学出版刊〕参照）。ネス湖は広いので、全部を霊査できたかどうかは分かりませんが、私が視える範囲《はんい》内で〝潜って〟みたことがあるのです。

こういうものも、表現としては、魔法使いが空を飛んだりしている姿によく似たものに見えるかもしれません。

霊的《れいてき》存在は空間・時間を自由に移動できる

それらは霊能力《れいのうりょく》の一部ですが、本来、人間が霊的な存在だと考えると、空間移動というものはかなり自由にできます。

現代の映画などにも、時間的に過去へ戻《もど》ったり、未来へ行ったりするようなものが多くなってきています。これについても、魂の世界では、現実に、「過去・現在・未来」を移動するということは、かなり可能なところがあるのです。そこまではできない人も多いのですが、現実にできる人もいます。

一方で、霊界に行ってから、時間が止まっている人もたくさんいます。戦国時代に死んで、その時間のままで、いまだにやっている人もいますし、時間を行き来できる者、未来に行ける者もいます。それは、その人の認識次第《しだい》なのです。

魔法《まほう》には、未来の知識や技術がかなり含《ふく》まれている

そういう意味で、「魔法《まほう》」や「魔術」などといわれているもののなかには、実は、そうした霊的な能力や人間の魂が持っている本来の機能、および、人間が未来に発明・開発していかなければいけないもの、世の中を便利にしたり、自分が便利になったりするために必要なもの

が、かなり含《ふく》まれているのではないかと思います。

現代人は、ほとんどの不思議について、もう解明されたような気になっていますが、実際は解明などされていないのです。

指の爪《つめ》一つを見ても、「どうして、指のここまでは皮と肉と骨があり、指の先から爪が生《は》えるのか」ということは分かりません。「どうして、ここから爪になるわけ?」という感じです。これを自力でできるでしょうか。「ここだけに爪を生やそう」と思って生やしているわけではないのに、爪は勝手に生えてきます。

それから、女性には口ひげが生えませんが、男性には口ひげが生えてきます。しかも、それは、一定の長さになったら伸《の》びが止まるのです。実に不思議な機能です。

また、私は、●円形脱毛症《だつもうしょう》を治す祈願《きがん》をつくったことがあります。私

●**円形脱毛症を治す祈願**　現在、幸福の科学の全国の精舎《しょうじゃ》において「『円形脱毛症回復祈願』―エドガー・ケイシー特別霊指導―」が開催されている。

の家内《かない》が、激務と心労のために円形脱毛症になったので、それを治すために祈願をつくったのですが、この祈願文を毎日読んでいたら、本当に髪の毛が生えてきたのです。これは、実際に目の前で見た奇跡《きせき》であり、家内が美容院に行ったら、美容院の人に、「また生えてきましたね。伸びましたね」とほめられたりしたようなので、証人が多数います。

そのように、実際に髪の毛も生やすことができるということが分かったのですが、そうした、「いろいろと自然に変化するようなものであっても、思いを込《こ》めれば、やや超能力的な力も加わってくる」ということが言えると思います。

「睡眠中《すいみん》の幽体離脱《ゆうたいりだつ》」は魔法《まほう》使いの原型

それから、魔法《まほう》使いは、よく箒《ほうき》に乗って空を飛ぶわけですが、私の記憶《きおく》を辿《たど》ってみると、小学校の高学年のころには、夜中に見ている夢のなかで、空を飛ぶシーンをよく見ました。

似たような感じのものが多く、飛んでいる外も暗かったので同時間帯だったのかなと思いますが、いつも、だいたい、当時通っていた川島《しま》小学校の校門あたりから、下校するあたりのところで、家より高いぐらいのところを飛んで帰ってくるのです。

下はアスファルトですが、その上を飛んでいるうちに、だんだん高度が下がってき始めて、家の上ぐらいの高さだったのが二メートル近くぐらいまで下がってくると、〝悪ガキたち〟がやってきて、足をつかんで引きずり下ろそうとするのです。それで、捕《つか》まらないように必死に空中をこぎながら飛んでいるような、そんな夢をよく見たのを覚えています。おそらく、幽体離脱《ゆうたいりだつ》のような経験をしていたのではないかと想像します。

そういう意味で、昼寝《ひるね》をしていたら幽体離脱をする人もいるでしょうし、あるいは、病気をしていて重体のときなどに離脱する人もいるでしょう。そのように、魂が遊離し、空を飛ぶ経験をした人は、意外に多いのではないかと思います。

そのことを、表面意識では忘れていても、潜在意識では覚えています。誰《だれ》しも、「(魂が)空を飛ぶ」という経験を何か持っているのではないかと思いますし、過去世《かこぜ》の経験まで見れば、みな、あるのではないかと思います。

魔法使いの原型としては、実際に空を飛んだ経験のある人が多いのではないかという気がしています。

未来科学ものの映画やドラマは、霊能力《れいのうりょく》や魔法《まほう》と関係が深い

それから、小学校の高学年のときの話で、よく覚えていることがあります。小学校五年生ぐらいだったと思うのですが、秋ごろに村祭りがあって、川島神社の神輿《みこし》を私も担《かつ》いだときのことです。神輿を担いで、一軒《けん》一軒、町のなかを回り、家の前で「さあせ」「さあせ」とやると、提灯《ちょうちん》のなかにお賽銭《さいせん》を入れてくれて、それがたまっていくのです。

それで、かなりの筋肉痛を起こしたのかもしれませんが、夜、家に帰ってから三十九度ぐらいの高熱を出し、氷嚢《ひょうのう》で頭を冷やしながら、ウンウン言って寝ていたのです。

そのときに、今もはっきり覚えているのが、おそらく幽体離脱だと思われますが、地球の中心部に向かってずっと旅行するというか、抜《ぬ》けていくようなものを実体験したのです。

中心部ぐらいまで行ってしまったので、どうやって戻ってこようかなと思ったのですが、戻れないので反対側にでも突き抜けようかと思って、そのまま地球の反対側のほうに突き抜けて出てくる経験をしたことがあるのです。

その後、何十年もたって、大人になってから「ザ・コア」という映画（二〇〇三年日本公開／ギャガ）を観《み》ると、「地球のコアの回転が止まってしまい、このままでは人類が絶滅《ぜつめつ》する」ということで、ドリルの付いたモグラ型の乗り物で地球のなかを掘《ほ》っていき、コアのなかに入っていくシーンがありました。

地球の外側（地殻《ちかく》）は、みかんの皮のように硬《かた》いけれども、中側はマントルが対流し、コアが回転しているのです。これが何かの拍子《ひょうし》に止まってしまったらしいということで、「原爆《げんばく》のようなものを連鎖《れんさ》爆発させて、もう一度コアの回転を起こさせれば、地球の最後を防げる」というハリウッド映画でした。

私はそれを観て、「自分が経験したようなことが映画になっているな」と思い、驚《おどろ》いた覚えがありますが、そのような霊的《れいてき》体験もありました。

こうしてみると、創造性の高いもの、特に、未来科学ものの映画やドラマについては、霊能力や超能力、魔法《まほう》に近いものとかなり関係が深いのではないかという気がします。

3 歴史のなかの魔法《まほう》・魔法使い

キリスト教が失った神秘性とハロウィンの関係

日本で、「魔法《まほう》」や「魔女」、「魔法使い」などと言うと、だいたい、キリスト教圏《けん》か、あるいは、キリスト教が流行《はや》る以前に欧米《おうべい》の地元にあった土着の宗教、すなわち、古いケルトの宗教やゲルマンの宗教などが影響《えいきょう》しているものという感じがすると思います。

今、カボチャのお面を被《かぶ》ったり、いろいろな仮装をしたりするハロウィンというものがありますが、あれは、どう見てもキリスト教由来のものではありません。キリスト教によって征服《せいふく》されて潰《つぶ》された、先住民のゲルマンの宗教やケルトのほうの伝統的宗教でしょう。

そういうお祭りもあり、魔女とか魔法使いの伝承もよく出てきますが、私の感じとしては、おそらく、キリスト教は広がったけれども、キリスト教のなかから失われたものがあるのではないかと思うのです。

キリスト教では、教義的な教えなどを取り出して、教会でそれを学校のように教えていたわけですが、教会で教えている人たちが、そういう超能力《ちょうのうりょく》的なものや神秘的なものを教えなくなっていきました。

「奇跡《きせき》は、イエス・キリストが起こすのはよいけれども、それ以後の時代に起きてはいけない」という感じで、もし、そういうものを起こす人がいると、「魔女だ」と言って火あぶりにしたりしました。それに対する民衆の欲求不満のようなものが、古い宗教の持っていたものを民間伝承として復活させ、いろいろな物語などになったのではないかと思います。

人間は、常識の範囲《はんい》を超《こ》えたものについては理解ができないので、ともすれば、そういう超自然的なもの、スーパーナチュラルなものを、理解できないものとして排除《はいじょ》しようとする傾向《けいこう》があります。

特に、古い時代においては、「そういうものもあるかな」という領域が多かったのですが、だんだん学問が発達し、科学が発達するにつれて、そうしたものを信じなくなってきた歴史があり、その影響が大きいのです。

神の声を聞いたジャンヌ・ダルクを迫害《はくがい》した人々の心理

ジャンヌ・ダルクの伝記映画などを観《み》ても、田舎《いなか》の農家に生まれ、学問も修めていないような娘《むすめ》が、突如《とつじょ》、神の声を聞いて、王子を戴冠《たいかん》させたり、オルレアン解放のために立って戦ったりしたわけです。

実際に戦った期間は十七歳《さい》から十九歳の間ということですが、フランスを解放してイギリス軍を撤退《てったい》させ、王子を戴冠させたあと、今度は敵側に捕《つか》まってイギリス軍に売り渡《わた》されます。

ジャンヌ・ダルク（1412～1431）
英仏の百年戦争（1339～1453）の際、神の啓示を受け、フランスを勝利に導いた女性。「オルレアンの少女」と称される。後に捕えられ、フランス人司教が裁判長を務める異端《いたん》審問で有罪となり、火刑に処せられた。

そして、フランスの教会側の人間によって裁かれ、フスと同様、火あぶりになって殺されるわけです。フスとジャンヌ・ダルクは、生没年《せいぼつ》が三年ぐらい重なっているのですが、そういう残虐《ざんぎゃく》なことというか、まさしくイエス・キリストがユダヤ教徒にされたのと同じようなことを、クリスチャンが堂々とやるようなことが起きました。

「大人の戦士たちが戦って解放できなかったものを、少女が神通力《じんつうりき》のようなものを使って敵を蹴散《けち》らした」ということは、やはり、プライドが許さず、常識が許さないところがあったわけです。そのため、教会の権威《けんい》を保つために、あるいは、日本で言う

ヤン・フス（1370頃～1415）　中世ヨーロッパの宗教思想家、宗教改革者。ベツレヘム礼拝堂の主任司祭兼説教師。プラハ大学学長。聖書のチェコ語訳を行うなど、民衆の教育にも力を注いだが、ローマ教会の堕落《だらく》を批判し、改革に着手した結果、異端とされ、火刑に処せられた。

侍《さむらい》階級、武士階級の騎士《きし》の名誉《めいよ》というか、クラス（階級）を護《まも》るために、「聖女」だとか、「奇跡」だとか、そういう〝神風《かみかぜ》〟のようなものは否定してしまって、〝邪魔者《じゃまもの》を消す〟ということが起きました。

これは、人間のいちばん残念な部分です。「多数が勝つと、凡庸《ぼんよう》なものが勝つ」ということになるので、そのようなことが起きたわけです。

その後、何百年もたってから、ジャンヌ・ダルクは「聖女」に認定されるわけですが、このように、理解できないものに関しては排除する原理が働きます。

そういう「普通《ふつう》の人に理解できないことを、することができる人」というのは、どうしても多数にはならず、少数にしかなりません。そのため、それを崇《あが》める人が増えてくると、その人たちが狂信《きょうしん》的に見られるようになり、敵対する者から迫害《はくがい》を受けるという「古典的パターン」が、繰《く》り返し繰り返し起きているのではないかと思います。

時代のトレンドをつくる「現代の魔法《まほう》使い」たち

「魔法《まほう》使い」という面から見れば、私なども魔法使いに当たるのでしょうけれども、現代においては、〝姿やかたちを変えた魔法使い〟はたくさんいるのではないかと思います。

例えば、教義を語り、人の生きる道などを説けば「宗教家」ということになるわけですが、多くの人を惹《ひ》きつける力を持って、人々を一定の方向に誘導《ゆうどう》していったり、物事を違《ちが》ったように見せたり感じさせたりして引っ張っていき、流行をつくったりするような人なども、

〝ある意味での魔法使い〟でしょう。「時代のトレンド」をつくっていく人たちです。

トレンディドラマなどをつくっているような人も、ある意味では「現代の魔法使い」だろうと思いますし、「AKB48」とか、「モーニング娘。」といったものを流行らせる人たちも、ある意味では「現代の魔法使い」だろうと思うのです。

したがって、そうした人は芸能界にもいますし、あるいは、スピルバーグのような映画界の巨匠《きょしょう》なども、魔法使いの面は持っているのではないかと思います。

特に、そうした映像をつくる人たちには、インスピレーショナブルな人がとても多いのです。現実に、超自然現象的なものを経験したり、かなり実感したりしている人が多いので、インスピレーションも受けているのではないかと思います。

また、作家などでも、インスピレーション型で、多くの人たちの人気を得るような人のなかには、「現代的な魔法使い」と思われるような人たちはいるのではないでしょうか。

要するに、常識の幅《はば》の九十パーセントから百十パーセントの間に収まらず、それをはるかに超えた影響力を持ったり、「なぜ、こんなものがブームになるのだろう」と思うような不思議なことが起きたりする場合です。

もちろん、現代においては、技術的なものや知識的なものがそうとう使われていることはあって、そういう媒介《ばいかい》を通してはいるのですが、やはり、それだけ流行らせたり広げたりするには、〝一種の魔術〟というものが働いているのではないかと思います。

4 魔法《まほう》使いと戦争・兵法《西洋編》

ゲルマンの黒魔術を使っていたヒットラー

魔法《まほう》・魔術の「悪い例」としては、例えば、第二次大戦でのドイツの敗北を招いたヒットラーがいます。彼は一九三三年に首相の座につくと、あっという間に天下を取り、民主主義の国のなかで圧倒《あっとう》的な支持を得ます。そして、第一次大戦後の敗戦状態からドイツをあっという間に復興《ふっこう》させ、経済的にも強

アドルフ・ヒットラー（1889～1945）　ドイツ首相となり、ナチ党の一党独裁体制を築く。第一次世界大戦後の荒廃からドイツ経済を復興させたが、ポーランドに侵攻し、第二次世界大戦を引き起こした。青年時代は画家を志し、自作の絵葉書や風景画を売って生計を立てていたことがある。

くし、さらに軍備も拡張して、近隣《きんりん》諸国に攻《せ》め込《こ》んでいきました。

そのように、わずか十年か二十年の間に、魔法のような力を発揮したのです。貧しい絵描《えか》きだった人が、ごく短期間に、「第三帝国《ていこく》」をつくり出すまでになったわけです。

ただ、同じような「強力な魔法使い」は、イギリスにもいたと思うのです。それはチャーチルです。もちろん、彼だけの力ではないでしょうけれども、ヒットラーの正体を見破ったチャーチルが、いろいろな国と力を合わせてヒットラーを破ったという感じはします。

ウィンストン・チャーチル（1874～1965）　イギリスの政治家。第二次世界大戦時、首相として強い指導力を発揮し、国民を鼓舞するとともに、ナチスによる欧州支配の野望を打ち砕き、連合国を勝利に導いた。戦後、共産主義に対抗すべく西欧諸国の結束を訴えた「鉄のカーテン」演説が有名。

また、ヒットラー自身は、ゲルマンの森の「黒魔術の力」をそうとう受けていたことを、自分でも自覚していたと思われます。

神智学《しんちがく》や人智学《じんちがく》のなかにある「超能力《ちょうのうりょく》によるエリート信仰《しんこう》」

それから、十九世紀に、ブラヴァツキー夫人あたりから始まった神智学《しんちがく》というものが流行《はや》りましたし、ドイツでは、そのあと、ルドルフ・シュタイナーが、神智学から少し離《はな》れた人智学《じんちがく》というものを説きました。その思想のなかには、やや、「超能力《ちょうのうりょく》によるエ

ヘレナ・P・ブラヴァツキー（1831〜1891）
近代神智学の祖。ロシアに生まれ、世界各地を旅しながら神秘思想を学ぶ。1875年、オルコット大佐らと共にニューヨークで神智学協会を発足。後にインドに拠点を移す。協会本部を離れたあとも主著『シークレット・ドクトリン』を著すなど精力的に活動し、その思想は20世紀後半のニューエイジ運動等にも影響を与えた。

リート信仰《しんこう》」のようなものがあったと思います。

ただ、これは、シュタイナーそのものが悪いとまでは言えず、人智学の前の神智学の時代にも、すでに言われていたことです。

神智学は、一八〇〇年代にチベットで修行《しゅぎょう》をし、大師《だいし》に会って学んだというブラヴァツキー夫人や、オルコット大佐《たいさ》等が始めたものです。当時も、マスコミから「インチキだ」「嘘《うそ》だ」と言ってかなり叩《たた》かれ、信憑《しんぴょう》性には何とも言えないものがあったのですが、彼らは、実は、幸福の科学でもよく言っているアトランティス文明の話をしていたのです。

それは、「ヒマラヤのヨガの大師のような仙人《せんにん》が、

ルドルフ・シュタイナー（1861～1925）
オーストリア出身の神秘思想家、教育家。ブラヴァツキー夫人の神智学運動に加わった後、「人智学協会」を設立。その霊的思想は、教育、芸術、医学、農業、建築などさまざまな分野に影響を与えた。また、「自由ヴァルドルフ学校」を創立し、子供の主体性を尊重する教育（シュタイナー教育）を実践し、広めた。

アトランティス文明に関する記録を持っていて、それを教えてくれた」というものです。大昔にあったというアトランティス大陸やレムリア大陸についての記録が、ヒマラヤのグル（導師《どうし》）たちに伝えられていたというので、彼らから教わってきたわけです。

そして、ルドルフ・シュタイナーは、「アーリア民族というのは、アトランティス民族の末裔《まつえい》なのだ」というようなことを言っているのですが、若干《じゃっかん》、解釈《かいしゃく》としては得手《えて》勝手《かって》な部分があり、「白人を中心とするアーリア民族の純血を護《まも》らなければいけない」というような感じが出てきています。それで、ユダヤ人の迫害《はくがい》などが起きてきたということがあるので、難しいところはあります。

アトランティス大陸の位置（想像図）

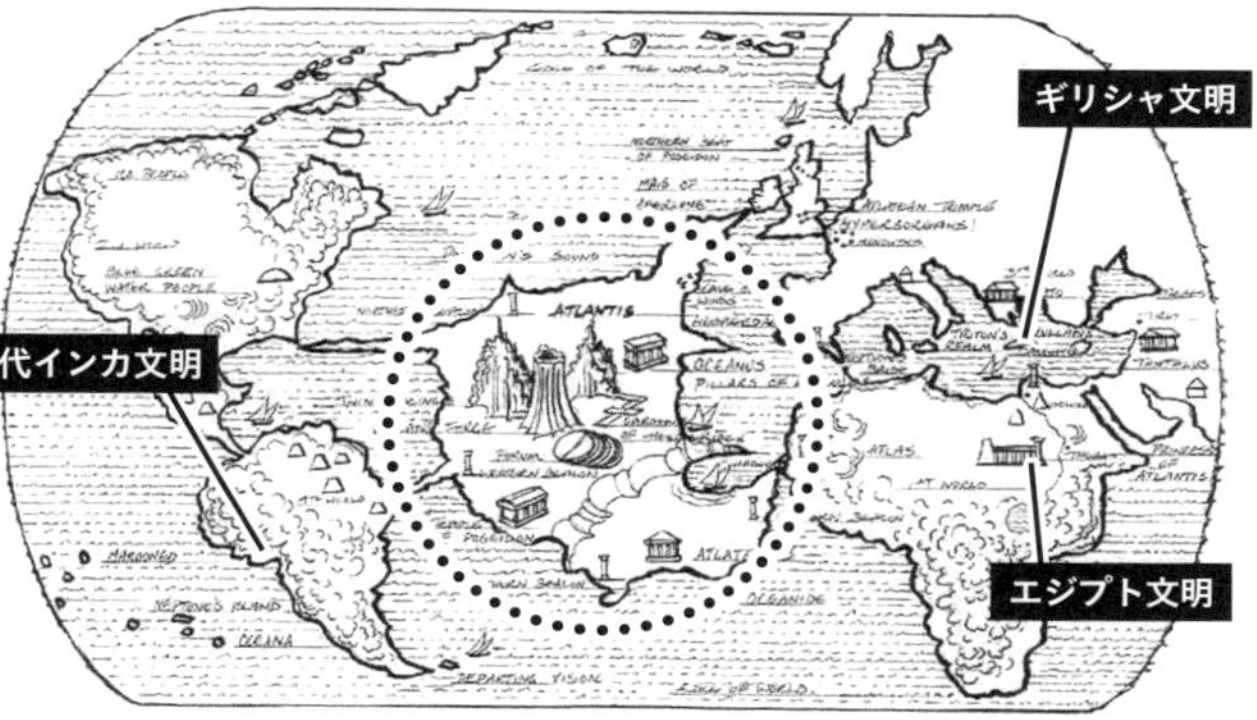

かつて大西洋上に存在していたアトランティス大陸の想像図（囲み部分）。『太陽の法』（幸福の科学出版刊）等によると、アトランティス大陸には高度な科学文明が栄えたが、約1万400年前に大陸が陥没。子孫の一部は周辺地域に逃れ、文明の種をまいた。

レムリア大陸の位置（想像図）

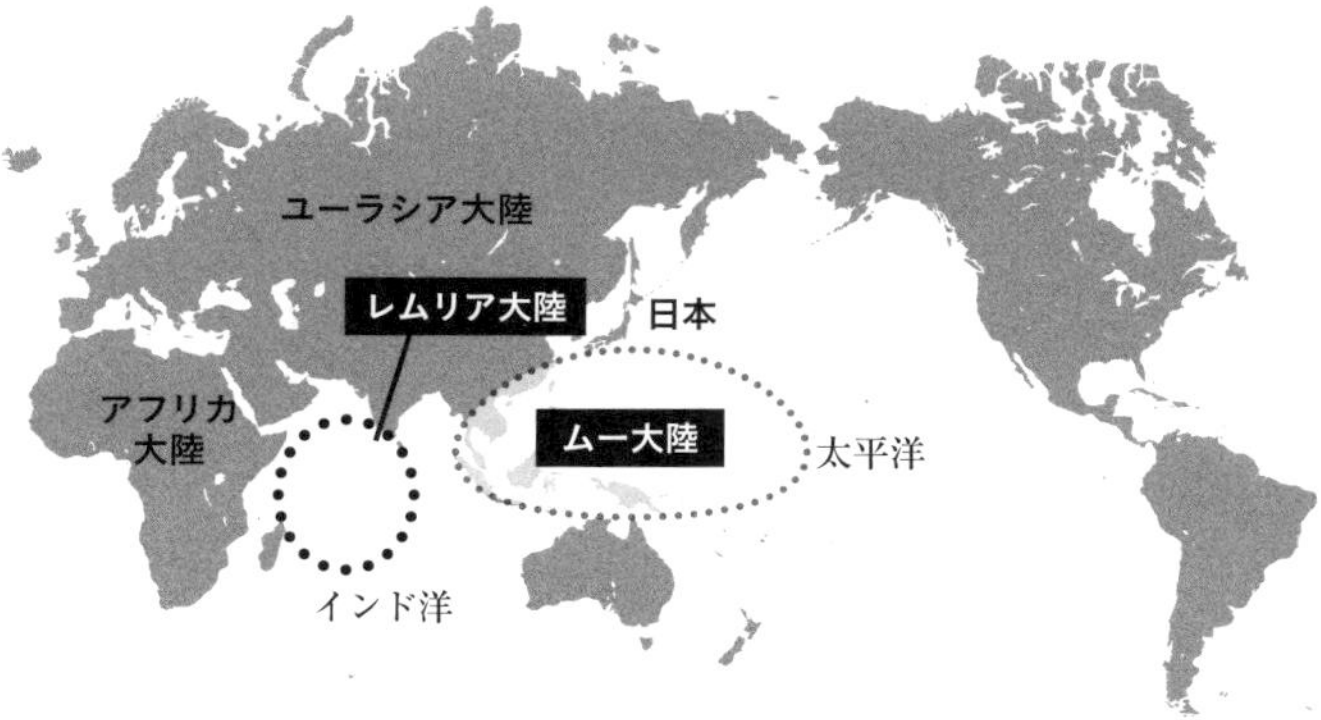

レムリア（ラムディア）大陸は、かつてインド洋上に存在した大陸。『太陽の法』（前掲）等によると、約4万4000年前から芸術文明が栄えたが、約2万7000年前に大陸が陥没し、文明の一部は植民都市を築いていたムー大陸等へと引き継がれた。なお、レムリア大陸とムー大陸は、古代において陸地でつながっていた時期があるという（2018年7月23日収録「天《あめの》御《み》祖神《おやがみ》の降《こう》臨《りん》」参照）。そのためか、神智学のなかには両者を同一視する解釈も見られる。

黒魔術《くろまじゅつ》的な〝巨大《きょだい》カルト〟を発生させたヒットラー

ヒットラーは、本当はドイツ国民の意識の高揚《こうよう》を図《はか》りたくて、そういう説を採用したのでしょうが、同時に、それが「敵」をつくり、排外《はいがい》的になっていきました。純血主義を護るために、生贄《いけにえ》を求めてスケープゴートをつくり、国力を強め、戦力を上げるというやり方をしたのです。

これが黒魔術《くろまじゅつ》の代表者ですが、やはり一定の影響力《えいきょうりょく》はあると言えます。ヒットラーにしても、あの時代に百万人集会を開いています。

私が政治学で学んだことによれば、「人が興奮するのは日が沈《しず》んでからだと言われている。鉤十字《かぎじゅうじ》の旗を立て、かがり火を焚《た》いて、百万人が大広場に集まって集会を開き、みなが興奮してきたあたりで〝神がかり〟的な演説を行うと、ワーッと盛り上がってきて、全員が〝神がかり〟的になってくる」というわけです。これはもう、〝巨大《きょだい》カルト〟です。百万人単位の巨大カルトが発生して、みんなが「ハイル・ヒットラー」と言って、同じまねをしていました。

あの広がり方は、民主主義的にも分析《ぶんせき》されるものではありますが、〝ある種の魔術〟が働いていたことは間違《まちが》いないでしょう。

したがって、魔法や魔術といわれるもののなかには、現在の人間的な力でやっていけるもの、毎日毎日の活動の積み重ねでやれるものを超《こ》えて、一気に〝ワープ〟するような成功の実現というものがあるとは思います。

ただ、そういう力そのものは存在するとしても、その力を使う「方向性」というものは、やはりあるのではないかと思います。

あるいは、途中《とちゅう》から方向性が変わる場合もあります。ヒットラー自身についても、第一次大戦の敗北から、あっという間にドイツを復興させて、一九三〇年代には他国に侵略《しんりゃく》するぐらいまで力をつけたというのは、そうとうな力だと思います。

それから、ドイツは軍事的にも科学的にも高いレベルを持っていたので、そこで終わって次の人に交代していれば、ヒットラーは「ドイツ中興の祖」のような感じになったと思われます。

ところが、欲が過ぎてきて、「侵略など絶対にしない」というような嘘をつきながら、突如《とつじょ》の侵攻《しんこう》を繰《く》り返したのです。「嘘を言っては、裏切って侵略する」ということを繰り返して、敵陣《てきじん》を落としていきました。

まず、兵站《へいたん》部門を押《お》さえなければいけないので、ズデーテン地方という石炭や鉄鉱が豊富な所を取りに行き、それから、ポーランドの分《ぶん》割《かつ》をしました。

さらに、「ソ連を攻めない」と言いながら、それもやがて破るのです。そして、フランスがあっという間に陥落《かんらく》させられてしまいました。

これはもう、ほとんど魔法にしか見えないものだったでしょう。

チャーチルとルーズベルトが使った〝魔法《まほう》〟

科学的に見ると、ドイツの「V2《ブイツー》ロケット」によって、イギリスはもう陥落寸前まで行きました。ミサイルが大陸からボンボン飛んでくるので、ロンドン市内では恐怖《きょうふ》で発狂《はっきょう》する人が続出し、発狂者が千人ぐらい出たそうです。そういう時代だったのです。

そのようなかで、イギリスはドイツの暗号の解読機を発明しました。映画「エニグマ」（二〇〇三年日本公開／松竹）や映画「イミテーション・ゲーム」（二〇一五年日本公開／ギャガ）でも描《えが》かれていましたが、「どのような努力をしても解読不可能だ」と言われたドイツの暗号を、天才数学者が絡《から》むことで解読できるようになったため、ドイツ軍による空襲《くうしゅう》などの攻撃《こうげき》を、事前につかむことができるようになったのです。

空襲を受けることが事前に分かっていて、「敵がいつ来るか」ということも分かっていれば、敵を待ち受けて迎撃《げいげき》すればよいわけです。上空で待機し、ドイツの空軍が来たときに急降下して攻撃すれば、軍事的には、ほぼ撃滅《げきめつ》可能です。

ただ、「チャーチル首相は〝狸《たぬき》おやじ〟であって、空襲の情報を事前につかんでいたのに、『もうすでに暗号を解読している』ということを相手に悟《さと》られてはならないと考えて知らん顔をし、市民を見殺しにした」と言われています。

そういうことをやって、向こうが大軍勢で攻めてくるときを待ちました。そして、撃滅のチャンスが来たときに、待ち受けてドイツ空軍を撃滅したのです。

そのように、「チャーチルは自国民を犠牲《ぎせい》にした」とも言われているのですが、このあたりは、「フランクリン・ルーズベルトも似ているのではないか」と言われています。

日本軍のハワイ奇襲《きしゅう》によって、戦艦《せんかん》アリゾナなどが攻撃され、三千人近くが死にましたが、「アメリカは日本の暗号を解読し、攻撃を事前に読んでいた」と言われています。知っていて、わざと日本に攻撃させたわけですが、大統領あたりの〝狸〟は、みな、そういうものなのでしょう。

　当時のアメリカは不介入《ふかいにゅう》主義を採っており、他国と戦わないことになっていたので、わざと被害《ひがい》を出して三千人近くを死なせ、それで国民の戦意を高揚させようとしたのです。

　しかも、〝ずるい〟ことに、空母だけは全部、退《たい》避《ひ》していました。日曜日なのに空母だけは別の所に行っており、攻撃されないようにしていたのです。戦艦と巡洋艦《じゅんようかん》、駆逐艦《くちくかん》などは攻撃され、一生懸命《いっしょうけんめい》に応戦したものの犠牲になりました。〝見殺し〟にされたのは確実だと、私は思います。

フランクリン・ルーズベルト（1882〜1945）　アメリカ合衆国の第32代大統領。世界恐慌期に大統領に就任し、「ニューディール政策」を推進して経済を再建。日本のハワイ真珠湾攻撃を契機に第二次世界大戦に参戦し、連合国の指導に当たるが、勝利目前に急死した。

そのくらい老獪《ろうかい》な人がいることで、逆に国が救われることもあるのでしょうが、それにまんまと山本《やまもと》五十六《いそろく》（連合艦隊司令長官）は引っ掛《か》かったと思われます。

これについては、「外務省がアメリカに交渉《こうしょう》打ち切りの電文を手渡《てわた》すのが遅《おく》れた」だの、「遅れていない」だの、いまだに議論は続いているようですが、「開戦の通告が遅れたから不意打ちだ」とアメリカは言いました。

しかし、アメリカは最初から日本と戦う気でいて、「日本は過去の歴史において奇襲以外にやったことがない。だから、いつ、どこを奇襲してくるかが問

山本五十六（1884～1943）　日本の軍人。海軍大将。連合艦隊司令長官としてハワイ真珠湾攻撃を指揮して成功させるも、翌年のミッドウェー海戦では大敗。1943年、前線視察に行く途中に搭乗機を撃墜され戦死した。死後、「元帥《げんすい》」の称号を追贈される。

題だ」と考え、見張っていたのです。
そういう意味では、軍事に魔法《まほう》が影響することもあるわけです。

5 魔法《まほう》使いと戦争・兵法《東洋編》

「三国志」「項羽《こうう》と劉邦《りゅうほう》」「信玄《しんげん》 対 謙信《けんしん》」の戦いに見る〝超能力《ちょうのうりょく》合戦〟

もっと古い時代でもそうです。

「三国志」の時代に関しては、小説やマンガ、ドラマなどがいろいろあります。活躍《かつやく》する主人公として諸葛亮孔明《しょかつりょうこうめい》を描《えが》いたものによれば、道教《どうきょう》的なものだと思われますが、彼は超能力者《ちょうのうりょくしゃ》風に見えます。

諸葛亮孔明（181～234）　中国・三国時代に活躍した軍師。後に蜀《しょく》の皇帝となる劉備玄徳《りゅうびげんとく》に「三顧《さんこ》の礼」をもって軍師に迎えられ、「天下三分《さんぶん》の計」を説いたとされる。223年に劉備が死去した後は劉備の子・劉禅《りゅうぜん》を補佐するが、「五丈《ごじょう》原《げん》の戦い」のさなか、病で没した。

「千里《せんり》の彼方《かなた》に勝敗を決する」というか、本当に「千里眼《せんりがん》」を使っているとしか見えません。遠隔透視《えんかくとうし》をし、敵の布陣《ふじん》などを見抜《みぬ》いているように思えるのです。

本当に〝超能力決戦〟のようで、敵の大将あるいは軍師と、超能力で視《み》合っているようにしか見えないので、やはり、そういうところがあったのではないでしょうか。道教の流れを汲《く》んでいたので、実際にそうだったのだろうと思います。遠くにいながら敵の布陣などが分かるようです。

項羽（前232～前202）

劉邦（前256～前195）

項羽と劉邦は、中国・秦《しん》代末期に共に天下を争った英雄。初めは項羽が優勢で、圧倒的武力で秦を撃破、「西楚《せいそ》の覇王《はおう》」を名乗る。その後も約5年にわたって両者の覇権《はけん》争いは続き（楚漢《そかん》戦争）、劉邦は項羽に何度も敗北するが、大将軍・韓信《かんしん》らの活躍によって、最終的に「垓下《がいか》の戦い」で項羽を討ち、劉邦が勝利する。劉邦は前漢を興《おこ》し、高祖（初代皇帝）となった。

また、それより昔の「項羽《こうう》と劉邦《りゅうほう》の戦い」では、百戦百敗の劉邦と百戦百勝の項羽とが戦っていて、項羽の天下になることが目に見えているような状態だったのに、韓信《かんしん》という将を一人、劉邦が得ると、そこから劉邦側の連戦連勝が始まります。

兵法は、「孫子《そんし》の兵法」以下、碁《ご》の定《じょう》石《せき》や将棋《しょうぎ》の定跡《じょうせき》と同じようなものであり、「こうすれば必ず勝てる」というものが、あると言えばあるのかもしれませんが、〝逆兵法〟もあるのです。

韓信（前3世紀〜前196）　中国・秦代末期から前漢初期にかけての武将。劉邦の大将軍として無敵の強さを発揮して漢王朝成立の立役者となり、宰《さい》相《しょう》の蕭何《しょうか》や軍師の張良《ちょうりょう》と共に「漢の三傑《さんけつ》」とされる。「韓信の股《また》くぐり」や「背水《はいすい》の陣」の逸話でも知られている。

孫子の兵法では、背水《はいすい》の陣などは「死地《しち》」ということでしたが、韓信の兵法を見ると、わざと背水の陣を敷《し》き、敵に「バカだな。あいつは兵法を知らないな」と侮《あなど》らせて油断させ、実は別動隊が敵の後ろに回っていました。そして、敵を挟《はさ》み撃《う》ちにしたのです。

そのように、韓信は兵法の応用までやっています。この世的な学問や技術を磨《みが》いていた面もありますが、戦いには、「大将対大将」あるいは「軍師対軍師」の〝超能力合戦〟のような面もあり、相手のこれまでの戦い方を見て、能力や性格、「どう動くか」ということを読んでいたのではないかと思うのです。

武田信玄（1521～1573）　甲斐《かい》（現・山梨県）等を支配した戦国大名。「甲斐の虎」とも呼ばれる。「風林火山」の軍旗を用い、戦国最強と称される騎馬軍団を率いた。上杉謙信《うえすぎけんしん》と五次にわたる「川中島《かわなかじま》の戦い」を行う。晩年、「三方《みかた》ヶ原《はら》の戦い」で徳川家康《とくがわいえやす》軍を撃破したが、まもなく病没した。

「武田信玄《たけだしんげん》対 上杉謙信《うえすぎけんしん》」の戦いでもそうです。有名な「キツツキ戦法」では、武田軍が山の上に陣取っている敵を突《つつ》こうとして、山を登っていったわけですが、山の上に来たときには、上杉軍はもう霧《きり》のなかを下に下《お》りていたのです。

そういうことがありましたが、これは「読み合い」であり、非常に超能力が要《い》ったのではないかと思いますし、軍師や戦上手《いくさじょうず》の天才的な将軍には、そういう能力を持っている人がいたのではないかと思うのです。

上杉謙信（1530～1578） 越後《えちご》（現・新潟県）等を支配した戦国大名。戦国最強と称される武将の一人。「越後の虎」「越後の龍」とも呼ばれる。武田信玄と五次にわたる「川中島《かわなかじま》の戦い」を行う。信玄の死後は織田信長《おだのぶなが》と対立し、「手取川《てどりがわ》の戦い」で織田軍を破るが、次の遠征の準備中に病で急死した。

「女の直感」で項羽《こうう》の敗北を予感した虞美人《ぐびじん》

ちなみに、負けを知らない項羽《こうう》には、虞美人《ぐびじん》という奥《おく》さんがいたのですが、劉邦軍との戦いの最後のほうで、虞美人は、「韓信という名前を見ただけで、私の体はブルブルと震《ふる》える。この人は怖《こわ》い。この人にあなたは勝てないのではないか。そういう気がする」と項羽に言いました。これもほぼ霊能力《れいのうりょく》であり、「女の直感、恐《おそ》るべし」です。

このように、「勝てないのではないか。韓信は怖い」と虞美人はずっと言うわけですが、項羽は、「フン。韓信なんて、もとはわしの陣にいて、大して役に立たない役人だった。近衛隊《このえたい》のなかで、槍《やり》を持ち、夜勤で立っていただけの男だ。あんなやつに何ができるか」という感じでした。

「韓信は、昔は〝股《また》くぐりの韓信〟と言われていた。あいつは、ヤクザのようなチンピラが怖くて、その股をくぐった男だ。そんなやつが大将なんかになれるか。よっぽど劉邦軍には人材がいないのだ」というような強がりを、項羽は言っていたわけです。

「四面楚歌《しめんそか》」が起きるのは、そのあとです。

項羽には十万の兵力があったのですが、韓信軍に〝十面埋伏《じゅうめんまいふく》の計《けい》〟で十方《じっぽう》に兵を潜《ひそ》められ、戦うたびに兵力を削《そ》いでいかれました。やがて項羽軍は数十騎《き》になり、最後には項羽一人になったのです。

渡《わた》し場で、宿場の長が、「逃《に》げなさい。楚《そ》の国に逃げれば、まだ再起は可能だ」と項羽に言ったのですが、項羽は、「一騎になって、まだ生き延《の》びるのは、武士として情けない」と考え、自刃《じじん》しました。

その前には虞美人の死もありました。「連れて逃げることはできないし、相手に殺されるのはかわいそうだ」と項羽に思われ、虞美人も自《みずか》ら命を絶ったのです。

この戦いも、私には、ほとんど〝霊能力合戦〟のように見えてしかたがないのです。「視える人には事前に分かる」ということが言えます。

日露《にちろ》戦争における、霊能者《れいのうしゃ》・秋山真之《あきやまさねゆき》の活躍《かつやく》

「日本海海戦」で日本がロシアのバルチック艦隊《かんたい》を破ったとき、日本の連合艦隊には東郷平八郎《とうごうへいはちろう》や参《さん》

東郷平八郎（1847～1934）　明治期の海軍大将、元帥《げんすい》。薩英《さつえい》戦争、戊辰《ぼしん》戦争に参加後、イギリスに留学。日《にっ》清《しん》戦争では、戦艦「浪速《なにわ》」の艦長を務める。日露《にちろ》戦争では、連合艦隊司令長官として日本海海戦を指揮し、「丁字《ていじ》戦法（T字戦法）」を用いてロシアのバルチック艦隊に完勝した。

謀《ぼう》の秋山真之《あきやまさねゆき》がいましたが、「秋山真之には、対馬《つしま》海峡《かいきょう》を上《のぼ》ってくるバルチック艦隊がありありと視えた」、「彼は霊能者《れいのうしゃ》だった」とも言われています。

バルチック艦隊がなかなか対馬海峡に来ないので、「別ルートで来ているのではないか。青森の津軽《つがる》海峡のほうから入られたら、不凍港《ふとうこう》であるウラジオストクに逃げ込《こ》まれる」と心配していたのですが、どちらに来るか分からなかったのです。

しかし、秋山真之は、「遅《おく》れているのは、長旅で疲《つか》れ、船足が遅《おそ》くなっているからである。対馬海峡に来る」と考えました。そして、そのとおりにやってきたバルチック艦隊を、「丁字《ていじ》戦法（T字戦法）」

秋山真之（1868～1918）　明治・大正期の軍人。海軍中将。兄は陸軍大将・秋山好古《よしふる》。アメリカ留学後、海軍大学校教官となり、日本海軍の兵学の基礎を築いた。日露戦争では連合艦隊参謀として「丁字《ていじ》戦法（T字戦法）」を考案。「智《ち》謀《ぼう》湧くが如し」とたたえられた名参謀。

や「乙字《おつじ》戦法」等によって撃滅《げきめつ》したのです。

このように、軍事的なものにおいても超能力が使われています。

国家の盛衰《せいすい》を分ける〝大魔法使《だいまほう》いの戦い〟

こういう大きな戦い、国の盛衰《せいすい》を分けるような戦いには、ある程度、〝大魔法《だいまほう》使いの戦い〟のようなところがあるのではないかと思います。

そのため、勝敗等は勘《かん》に左右されます。昔の「軍記もの」には、「大将同士の霊力《れいりょく》戦のようなものを行うと、霊威《れいい》が勝《か》っている者には勝てない」という感じがよく出ているような気がします。

それは、「自分より霊威の強い者がいなくなったあとなら勝てる」ということでもあります。

織田信長《おだのぶなが》であっても、「終生《しゅうせい》、武田信玄を恐れていた」と言われています。「信玄がいる間、自分は天下を取れない」という感じだったので、「信玄が死んだ」と聞いて、信長はホッとしたのです。

信長は信玄に〝お中元《ちゅうげん》〟や〝お歳暮《せいぼ》〟を贈《おく》っていたぐらいであり、「信玄には勝てない」と感じていたのですが、信玄が亡《な》くなったため、信長は勝ち続けることができました。彼（信長）の「霊威」が、残った人のなかでほかの人より勝《まさ》っていたわけです。

やはり、戦国武将などは、ある程度、魔法的な力を持っていたのではないかと思われます。

織田信長（1534～1582）　日本の戦国武将。尾張《おわり》（現・愛知県）に生まれる。「桶狭間《おけはざま》の戦い」で今川義元《いまがわよしもと》を、「長篠《ながしの》の戦い」で信玄亡きあとの武田軍を破り、覇権を拡大。「天下布武《ふぶ》」を掲げて天下統一を目指すが、「本能寺の変」で自刃した。

6 「現代の魔法使《まほう》い」になるには

「先天性の能力」と「後天的修行《しゅぎょう》によって身につく能力」

魔法《まほう》の条件としては、「努力」がまったく要《い》らないというわけではないのですが、「先天性のものは、ほぼあるだろう」と推定していまず。

人間には、勘《かん》の鋭《するど》い人や洞察力《どうさつりょく》のある人がいるので、先天性のものは、ある程度あると思います。ヘマなことをやる人と、やることが急所を突《つ》く人とがいることはいるので、「学問的な意味での頭のよさ」

とは違《ちが》う、「人間としての頭のよさ」においては、先天性はあると思うのです。

ただ、魔法使いになるには、「魔法使いの弟子《でし》」のようなかたちで、ある程度の「修行《しゅぎょう》時代」が必ず要るようです。マスターやグル、導師《どうし》などにつき、修行のようなものをしていることが多いので、その間の努力・精進《しょうじん》等は必要であり、下積みがあるように思われます。

そのあと、本当の魔法使いになって力を発揮していくには、もちろん、「人生経験」や「人間観察力」、「洞察力」等が要るでしょう。その意味においても、努力・精進が要らないわけではないのです。

目的地を見誤ったまま魔法《まほう》パワーを使うと破滅《はめつ》する

そして、魔法《まほう》の根源には、「夢を描《えが》く力」や「希望」、さらに、それをやろうとする「勇気」、断行するだけの「実行力」、こういうものが存在するのではないかと思うのです。

もちろん、魔法には本質的に、「自己実現の能力」が極《きわ》めて強く入っていると思うのですが、ほかにも、自分の能力の拡張というか、「自分の能力を並みの人の能力以上の大きな能力に変えて、大勢の人に影響《えいきょう》を与《あた》える力」というものが必ず求められます。

ただ、自分を耕《たがや》し、自分の能力を開発するのはよいのですが、「その先にある目的地を何と考えるか」が大事です。

これは、「愛」についての解釈《かいしゃく》の問題になると思うのです。愛というものを単に〝磁石《じしゃく》〟として考えると、男女の愛であれば、それは性愛的に引きつけ合うものになりますし、その全部を否定できるものではありません。

しかし、愛の概念《がいねん》において、自己愛のほうが勝《まさ》っていて、「他人《たにん》を犠牲《ぎせい》にしてでも自己愛を拡張していく」という感じが強くなってくると、他人《ひと》を犠牲にして自己実現をやっていきます。そして、そのために、いろいろな軍略やマジカルなパワーを使っていくと、この世的には、最後に〝破滅《はめつ》〟が待っていることは多いのです。

したがって、自己発展を目指す延長上に、「人々の幸福」とか「国の防衛」とか、大義名分《たいぎめいぶん》に当たる、「正義についての考え方」や「多くの人への利他《りた》の思い、愛の心」が必要だと思うのです。

「国家 対 国家」の戦いにおける神の裁定《さいてい》

先ほど述べたジャンヌ・ダルクの時代であれば、神はイギリスにもフランスにも臨在《りんざい》していたはずですが、「フランスという国を潰《つぶ》す」ということには同意されなかったのだろうと思います。

当時のヨーロッパは、みな、キリスト教の国になっていたので、キリストを通じて神を信じていたのだと思うのですが、神の決断は、「フランスという国が、イギリスによって完全に滅《ほろ》ぼされてよいとは思えない」ということだったと思うのです。「フランスにはフランスのよさがまだあり、伝統がある」ということでしょう。

確かに、その後もフランス文化はまだまだ続いており、地球上の文明のなかで一つの類型ではあるので、フランスの存在を肯定《こうてい》したのだと思います。

また、神はドイツも肯定したのでしょうが、「ドイツにはドイツのよさがあるけれども、フランスを滅ぼしてまで、ドイツを二倍にしなくてはいけない理由はない」という判断があったのではないかと思います。

そのあたりに正義が表されているのではないでしょうか。

それぞれの国が、みな信仰《しんこう》を通じて神につながっているはずなのですが、やはり裁定《さいてい》が行われていて、「公平な裁定はこうだ」というものがあるのではないかと思います。

トランプ大統領は「世界のリーダー」となれるか

今、アメリカのドナルド・トランプ大統領は、「アメリカ・ファースト」を掲《かか》げています。もちろん、それによってアメリカが立ち直り、よくなること自体はよいことですし、その結果、アメリカが「世界のリーダー」として、世界全体もまたよくなる方向に舵取《かじと》りをしていくなら、それは、よい方向にきっと行くでしょう。

しかし、今、「アメリカ・ファースト」と言われているものが、多くのマスコミが感じ取り、民衆がデモで抗議《こうぎ》しているように、単にアメリカのエゴや狭《せま》いナショナリズムにしかすぎないものだったら、何年かの間に〝化《ば》けの皮〟が剥《は》がれ、追い落とされたり暗殺されたりすることがあるかもしれません。

このあたりは、今後、まだ見なければいけないところでしょう。私は、「そういうエゴイスティックなものではなかろう。おそらく、一種の革命であって、あれも自由の創設なのだろう」と思っています。「各国が、お互《たが》いに生き残るために連携《れんけい》し合い、連盟や同盟、あるいは条約を結んで、共存しようとしていたけれども、それが足枷《あしかせ》になって動けなくなり、発展が止まっているので、もう一回、自由にし、国力を発展させようとしているのだろう」と思い、「おそらく、よい結果につながるのではないか」と推定しているのです。

ただ、朝日新聞の「天声人語《てんせいじんご》」では、もうすでにトランプ大統領をヒットラーになぞらえたりしているので、舵取りを間違えば、そのように見る人は多いのだろうと思います。

結局、「自己発展が他の者たちにどういうものを与えていくか」ということが大事なのです。

例えば、「メキシコ人は帰れ」と言い、アメリカとメキシコとの間に壁《かべ》をつくったりすることが、ユダヤ人のゲットー（強制居住区域）入りと同じになるかならないか、これを見分けなくてはいけないでしょう。

「この世を霊界《れいかい》に近づけたい」という思いが科学的発展・発明を促《うなが》す

魔法のパワーは、現代にもまだあります。

そのなかには「未来科学」も存在しています。未来にあるべきもの、誰《だれ》もが「欲《ほ》しい」と思っているようなものは必ず実現するのです。

●松下幸之助《まつしたこうのすけ》さんは、「私は掃除機《そうじき》や洗濯機《せんたくき》で家庭の主婦を解放したのだ」というようなことを言っていましたが、確かに、それによって外で働ける女性は多くなったかもしれません。

それから、コンビニの存在は、独《ひと》りで生きていく人の道をかなりつけたかもしれません。

掃除機も魔法のようなものでした。私は持っていませんが、今では、丸いロボットのようなもので、グルグルと部屋のなかを勝手に動いて掃除するものもあります。十分に機能するのかどうか知りませんが、そういうものもあるわけです。

今後は、もっともっと便利になっていくでしょう。家事ロボットなど、さまざまなロボットが出来上がるかもしれません。誰もが「欲しい」と思うものは必ず出てくるでしょう。

●**松下幸之助**(1894～1989)　松下電器産業(現パナソニック)の創業者。丁稚《でっち》奉公《ぼうこう》から身を起こして日本を代表する企業を育てた、「経営の神様」と呼ばれる名経営者。PHP研究所や政治家養成機関である松下政経塾の創立者としても知られる。

ただ、そのうちに、暗殺ロボットのようなものがつくられたらたまりません。「あいつが憎《にく》いから殺してくれ」と頼《たの》めるものが、密売品で売られたりしては困ります。

とはいえ、やはり、心に願うものはつくられていくように思いますし、霊界《れいかい》には、その原形がほぼあるのではないかと思います。霊界で自由自在であった部分に関し、「この世で、なるべくそれに近づけたい」という思いが、いろいろな科学的発展や発明になっているのではないでしょうか。霊界の研究をすれば、未来科学が見えますし、人類の夢や希望の実現にもなっていくのではないかと思うのです。

●**プレアデス**　「昴《すばる》」とも呼ばれる、牡牛《おうし》座にある散開星団。プレアデス星団には、「美」と「愛」を重んじ、欧米人に近い体格を持つ人類型宇宙人が住んでいる。「魔法」や「ヒーリングパワー」が使える。『ザ・コンタクト』（幸福の科学出版刊）等参照。

「プレアデスの魔法《まほう》」や「ベガの魔法」が働いている業界

幸福の科学では、「宇宙人リーディング」においてプレアデスやベガの分析《ぶんせき》もしています（注。二〇一八年十一月十二日、「ベガの主神ヒームの霊言《れいげん》」を収録したところ、「魔法《まほう》の根源」にはベガの主神ヒームの存在があることが判明した）。

プレアデス星人は「美」を追究しているのですが、プレアデス系には、やや魔法に近いものがあるのではないかと思います。例えば、「芸能界で美をつくっていくようなことのもとには、プレアデス的な考えがあるのではないか」という気がします。

美しい人は昔から少数ですが、「どうやって美しくするか」という

●ベガ　琴《こと》座にある一等星。ベガ星系に住む宇宙人は、相手に合わせて外見を自由に変えることができ、性別は男性、女性、中性が存在する。「高度な科学技術」と「ヒーリングパワー」を持つ。『ザ・コンタクト』（前掲）等参照。

ことで、「きれいな服を着る」とか、「ネックレスや指輪を身に着ける」とか、王女だったら、「ティアラを着ける」とか、いろいろな方法があったと思います。こういうものについても、だんだん、大衆への普及《ふきゅう》が進んできています。

それから、お化粧《けしょう》も発明されました。〝人工美人〟をつくることは、ある種の魔法です。「資生堂《しせいどう》なども魔法使いの一種であり、魔女が現代では資生堂などに勤めているのではないか」と思います。そして、「美人に見せる法」を、一生懸命《いっしょうけんめい》、開発しているわけです。

ティファニーやブルガリなどは、おそらく、プレアデス系統の者が、「どうやって女性を美しく見せるか」という魔法を研究し、その結果を「美の魔法」として事業化して出てきているのではないかと思います。それは、芸能界のほうにもつながってきているのではないでしょうか。

それから、ベガ星人だと、変身することが多く、相手の思う姿に変わって出てくることもよくあります。

ある意味で、サービス業には、「相手の心に合わせる」というところがあります。「お客様の希望、お客様の願い、お客様が欲《ほっ》するものは何か」ということを常に考え、ウォンツ（欲求）やニーズ（需要《じゅよう》）を探し、それに合ったものを供給するところに、マーケティングの道は開《ひら》け、ものが売れて事業は拡大するのです。

このあたりにはベガ星人の特徴《とくちょう》が出ています。相手に合わせていくというか、相手に好かれるような姿に変わっていき、相手が求めるものを提供する。ベガ星人には、そういうところもあるのです。

そのように、「プレアデスの魔法」や「ベガの魔法」のようなものは、現代文明にもけっこう流れているような気がします。

学問・芸術の分野にも魔法《まほう》の力が働いている

魔法《まほう》と思われしものは、今、学問化したり技術化したりして、科学的な考え方にかなり変化しているので、そのあたりを読み取らなくてはいけません。

私は、英語の勉強をしているとき、「なぜ、英語で書いてあるものが日本語に変わるのか」と思い、本当に不思議でしかたがありませんでした。

ところが、「英語の文法書を一冊マスターすると、英語が日本語に変わる」わけです。「英文法の参考書をマスターし、英文法を使えば、英語のアルファベットで書いてあるものを、全部、日本語に変えられる」ということは、本当に魔法のようだと思うのです。

そういうかたちで魔法が表れていることもあるでしょう。

もちろん、その間には人間的な努力が積み重なっているものだとは思います。

あるいは、人前で話す技術や踊《おど》ってみせる技術でもそうです。バレエやダンス、ショーなど、いろいろなものにおいても、やはり、魔術的なものはあるのではないかと思います。

7 世界に存在するさまざまな魔法界《まほうかい》

白魔術と黒魔術を分けるポイント

総括《そうかつ》しますと、「夢」や「希望」を叶《かな》えるために、そして、「自己実現」をするために、超《ちょう》自然的な力は存在しますし、それを開発することも可能だと思います。

ただ、それが、他人《ひと》を害する方向で強くなり、「欲心《よくしん》」が強くなって、得れば得るほどもっと欲《ほ》しくなるタイプの人、あるいは、「人を自由にしたい」ということが度を過ぎ、分限を過ぎたところまで行った人の場合には、黒魔術《くろまじゅつ》系統のほうに行き、〝ダース・ベイダー〟になってしまい、人殺しなどになっていきます。

一方、それが「愛の心」になってくると、白魔術系統として、人を助けたり、病気を治したり、貧しい人たちを救ったりするかたちになっていくことがあります。

そのように、「魔術には黒魔術と白魔術の戦いがあり、人間の生き方の選択《せんたく》を迫《せま》っているのだ」ということを知っておいていただきたいと思います。

アジア・中東に広がる魔法《まほう》の世界

ここまで、宗教的な現象の一部を、あくまでも技術的な面から見て、また、超自然的な面、スーパーナチュラルな面から見て、「魔術《まじゅつ》」や「魔法」という言い方をしましたが、これが全部ではありません。

日本であれば、仙人《せんにん》とか天狗《てんぐ》とかいわれる者の行いのなかにも、魔法に当たるものは存在しますし、中国にも仙人は存在します。

それから、仙人といってもよいかもしれませんが、超能力や悟《さと》りを求める修行僧《しゅぎょうそう》たちは、インドにもヒマラヤ系にもたくさん存在します。

「アラジンと魔法のランプ」や「空飛ぶ絨毯《じゅうたん》」の説話は、『アラビアンナイト（千《せん》夜一夜《やいちや》物語）』のなかの話として有名。ただ、現存するアラビア語の原典や写本には含まれておらず、同書が翻訳《ほんやく》されてヨーロッパに紹介された際に、アラブ地域に伝わる民話が付け加えられたものと考えられている。上右：「アラジンと魔法のランプ」より、ランプから魔人（ジン）が現れるシーン。原作では中国と北アフリカが舞台。上左：「空飛ぶ絨毯」の挿絵《さしえ》（『新装版 図説 アラビアンナイト』〔河出書房新社〕より、チャールズ・ロビンソン画）。

アラビア半島のほうに行き、イスラム圏《けん》に入ると、「アラジンと魔法のランプ」や「空飛ぶ絨毯《じゅうたん》」の話などがありますが、やはり、ここにも魔法は存在するのではないかと思います。

また、「どこまで事実か」ということは別として、古くはモーセの起こした奇跡《きせき》には、魔法的なものもそうとうあるように思われます。

「その時代に起きてはならないようなこと」が起きたら、魔法のよう

『旧約聖書』等によると、エジプトで奴隷《どれい》とされていたヘブライ民族を解放するため、モーセはエジプトに対し、「カエル・ブヨ・アブ・イナゴの大量発生、雹《ひょう》を降らせる、ナイル川の水を血の色に変える、伝染病を発生させる」等の10の奇跡を起こし、屈服させようとしたとされる。上右：血に変わるナイル川の水（ジェームズ・ティソ画、1902年以前）。上左：虻《あぶ》の災い（ジェームズ・ティソ画、1902年以前）。

に見えるでしょう。そういう面は、いろいろな宗教にも、あることはあるのです。

「医学」のなかにも入っている魔法

さらに言えば、「死者の復活」も魔法と言えば魔法でしょう。死者を復活させる魔法は、オフェアリス（オシリス）の時代あたりから有名ではありますが、現代では、「医学」のなかにも一部入っています。

唯物論《ゆいぶつろん》で神を信じないような医学であっても、天才外科《げか》医が病気を治して命を救う

オフェアリス（オシリス）

オフェアリスは、古代エジプトの「復活神話」に出てくるオシリスとして知られている存在。約6500年前のギリシャに生まれ、後《のち》にエジプトへ遠征。エジプトに繁栄をもたらし、民から絶大な支持を得たが、弟のセトに騙《だま》されて棺桶《かんおけ》に閉じ込められ、ナイル川に流される。その後、肉体をバラバラにされるが、王妃のイシスが体の各部分を集めて包帯を巻き、祈ったところ、復活の奇跡が起きたという。この復活神話が、キリスト教の復活思想にも影響を与えていると言われる。こうしたことから、オフェアリスは奇跡と神秘の神、繁栄と芸術の神としても崇《あが》められ、西洋文明へとつながるギリシャ・エジプト文明の源流となった。地球神エル・カンターレの分身の一人。

『愛から祈りへ』『公開霊言　ギリシャ・エジプトの古代神 オフェアリス神の教えとは何か』（共に幸福の科学出版刊）等参照。

こともあるので、そういうかたちで魔法が医学のなかにも入ってきていますし、本人が自覚しないで魔法が行われていることもあると思うのです。

「人体の不思議」は、まだ本当には解明されていません。

人間は、いろいろなものを食べて必要な栄養を摂《と》らないと、健康を維持《いじ》できないと思われますが、動物たちは必ずしもそうなってはいません。

牛は、牧草だけを食べ、川の水を飲み、それでミルクを出します。これは驚《おどろ》くべき

上右：『死者の書』に描かれた、玉座に座るオシリス。
上左：オシリス像（紀元前600～550年ころ、ウォルターズ美術館）

ことです。今、「牧草と水を放り込《こ》んだら、それがミルクになって出てくる機械」をつくれたら、ノーベル賞では済まないと思います。それはありえないことなのです。

お釈迦《しゃか》様は、「牛は、川の水を飲んでミルクをつくり、蛇《へび》は、川の水を飲んで毒をつくる」と言っています。

体は、まさしく〝化学工場〟であり、「体内で、いったい何が起きているか」ということについては、現在でも解明不可能です。分かったようでありながら、本当は分かっていないのです。内臓や、そこから分泌《ぶんぴつ》されているいろいろなものには、いったい、どうなっているのか、実は分からないものがたくさんあります。

例えば、「パンダは、タケノコと竹だけを食べて、どうして体を維持でき、黒と白の模様になるのか」が分かりません。もし、人間にタケノコと竹だけを食べさせたら虐待《ぎゃくたい》であり、食べさせられた人は死ぬだろうと思います。

また、ウサギはニンジンも食べますが、ほとんど藁《わら》だけを食べていても、平気で生きています。きっと、食べたものに化学変化を起こさせ、いろいろなものをつくり出していく力があるのでしょう。ほとんど藁だけを食べ、それを母乳に変えるのは、すごい力だと思うのです。

このようなものが自然のなかに存在していること自体が、魔法のように見えます。まだ、科学はこれを解明できないでいるので、「いったい、どうやったら、そうなるのか」ということを考えなくてはいけないのです。

「自然は全部、克服《こくふく》された」と思うかもしれませんが、実はそうではありません。そうしたことを知り、謙虚《けんきょ》に未来を見つめていくことが大事ではないかと思います。

魔法界《まほうかい》にも天国的部分と地獄《じごく》的部分がある

今回の法話《ほうわ》は、「魔術《まじゅつ》」と「魔法界」についての話でしたが、霊界には「魔法界」という、魔法使いが集まっている所もあります。その人たちを「仙人《せんにん》」や「天狗《てんぐ》」という場合もありますが、いろいろな宗教において、そういう所はあり、特に魔法等に凝《こ》る人たちが集まっています。

それ以外に、普通《ふつう》の宗教の王道を歩みながら、そういうものを一部で使う人たちもいます。

「いわゆる天国・地獄《じごく》以外に魔法界というものがあり、そのなかに天国的な部分と地獄的な部分があるのではないか」と言われているのです。

今回述べておくべきことは、だいたい、そういうことですが、〝魔法使い〟はいろいろな所にいます。

イギリスを代表するハリウッド女優で、歌手でもあるキーラ・ナイトレイの守護霊《しゅごれい》は、「私は魔法使いです」ということを言っていましたが、「そうかもしれない。今、魔法使いが生まれたら、あのような感じではないか」と思います。歌声や演技などで人を惹《ひ》きつけるわけです。

そういう意味では、「芸能」系や「政治」系にも、多少、魔法の力が要《い》るかもしれません。このあたりを研究したいものだと思っています。

●**キーラ・ナイトレイの守護霊は……**　『守護霊インタビュー　ナタリー・ポートマン&キーラ・ナイトレイ―世界を魅了する「美」の秘密―』(幸福の科学出版刊)参照。

今回は、「魔法および魔法界について」というお話をさせていただきました。以前に述べていた部分もあるかと思いますが、テーマとしては、これまで、それほどなかったものではないかと思います。

あとがき

魔法使いというと一般に超能力をイメージされることが多かろう。だが、映画でも描かれているように、善悪を巡《めぐ》って白魔術と黒魔術の戦いは歴史的にも展開されている。

また最新の宇宙人リーディングによって、魔法の起源に関しては、色々な宇宙の星の文明文化が関係していることもわかっている。

映画で観られる「白魔術」はベガ星系のものが中心である。一方の「黒魔術」は、裏宇宙やレプタリアン系のものが多い。

エンターテインメントとしても楽しみながら、宇宙の神秘に触れて頂ければ幸いである。なお、映画の主題歌「Hold On《ホールドオン》」は、白魔術、黒魔術を超えた、八次元パワーを備えており、今後、様々《さまざま》な奇跡を起こす女神の魔法パワーとして使われる予定になっている。

二〇一八年　十一月三十日

幸福《こうふく》の科学《かがく》グループ創始者兼総裁《そうししゃけんそうさい》　大川隆法《おおかわりゅうほう》

『魔法および魔法界について』関連書籍

『太陽の法』（大川隆法 著　幸福の科学出版刊）
『ザ・コンタクト』（同右）
『愛から祈りへ』（同右）
『ネバダ州米軍基地「エリア51」の遠隔透視』（同右）
『遠隔透視 ネッシーは実在するか』（同右）
『ダークサイド・ムーンの遠隔透視』（同右）
『中国「秘密軍事基地」の遠隔透視』（同右）
『公開霊言　ギリシャ・エジプトの古代神 オフェアリス神の教えとは何か』（同右）
『守護霊インタビュー ナタリー・ポートマン&キーラ・ナイトレイ
――世界を魅了する「美」の秘密――』（同右）

※左記は書店では取り扱っておりません。最寄りの精舎・支部・拠点までお問い合わせください。

『若き日のエル・カンターレ』（大川隆法 著　宗教法人幸福の科学刊）

魔法《まほう》および魔法界《まほうかい》について
――時代を進化させる魔法の力――

2018年12月14日　初版第1刷

著　者　　大《おお》川《かわ》隆《りゅう》法《ほう》

発行所　　幸福の科学出版株式会社

〒107-0052 東京都港区赤坂2丁目10番14号
TEL(03)5573-7700
https://www.irhpress.co.jp/

印刷・製本　株式会社 堀内印刷所

ISBN978-4-8233-0046-2 C0014

p20 Venusianer ／ p21 Etan J. Tal, miya ／ p22 Grm wnr ／ p25 時事通信フォト
p58 Bundesarchiv, Bild 146-1990-048-29A/Heinrich Hoffmann/CC BY-SA 3.0 DE
p59 BiblioArchives/LibraryArchives
装丁・イラスト・写真（上記・パブリックドメインを除く）© 幸福の科学

大川隆法シリーズ・最新刊

Love for the Future

未来への愛

過去の呪縛からドイツを解き放ち、中国の野望と第三次世界大戦を阻止するために――。ドイツ・ベルリンで開催された講演を、英日対訳で書籍化！

1,500円

日露平和条約がつくる新・世界秩序 プーチン大統領守護霊緊急メッセージ

なぜ、プーチンは条約締結を提言したのか。中国や北朝鮮の核の脅威、北方領土問題の解決と条件、日本の選ぶべき未来とは――。【幸福実現党刊】

1,400円

ハマトンの霊言 現代に知的生活は成り立つか

あなたの人生に、もっと知的な喜びを――。渡部昇一氏や若き日の著者にも深い影響を与えたP・G・ハマトンが贈る、現代的知的生活の秘訣。

1,400円

※表示価格は本体価格（税別）です。

大川隆法霊言シリーズ・未来科学の魔法

トーマス・エジソンの未来科学リーディング

タイムマシン、ワープ、UFO技術の秘密に迫る、天才発明家の異次元発想が満載！ 未来科学を解き明かす鍵は、スピリチュアルな世界にある。

1,500円

アインシュタイン「未来物理学」を語る

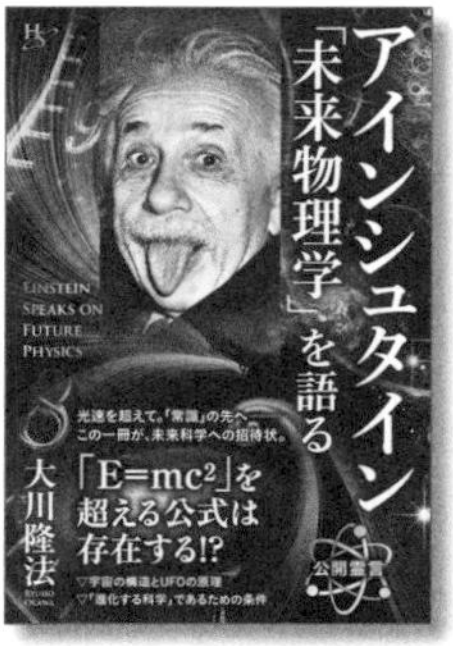

20世紀最大の物理学者が明かす、「光速」の先──。ワームホールやダークマター、UFOの原理など、未来科学への招待状とも言える一冊。

1,500円

ニュートンの科学霊訓

「未来産業学」のテーマと科学の使命

人類の危機を打開するために、近代科学の祖が示す「科学者の緊急課題」とは──。未知の法則を発見するヒントに満ちた、未来科学への道標。

1,500円

幸福の科学出版

大川隆法霊言シリーズ・古代文明と神秘

公開霊言
ギリシャ・エジプトの古代神
オフェアリス神の教えとは何か

全智全能の神・オフェアリス神の姿がついに明らかに。復活神話の真相や信仰と魔法の関係など、現代人が失った神秘の力を呼び覚ます奇跡のメッセージ。

1,400円

トス神降臨・インタビュー
アトランティス文明・
ピラミッドパワーの秘密を探る

アンチエイジング、宇宙との交信、死者の蘇生、惑星間移動など、ピラミッドが持つ神秘の力について、アトランティスの「全智全能の神」が語る。

1,400円

マイティ・ソーとオーディンの
北欧神話を霊査する

「正義」と「英雄」の時代が再びやってくる──。巨人族との戦い、魔術と科学、宇宙間移動など、北欧神話の神々が語る「失われた古代文明」の真実。

1,400円

大川隆法霊言シリーズ・軍事と魔法

徳のリーダーシップとは何か 三国志の英雄・劉備玄徳は語る

三国志で圧倒的な人気を誇る劉備玄徳が、ついに復活！ 希代の英雄が語る珠玉の「リーダー学」と「組織論」。その真実の素顔と人心掌握の極意とは？

2,000円

項羽と劉邦の霊言 劉邦編 ── 天下統一の秘術

2200年前、中国の乱世を統一した英雄・劉邦が、最後に勝利をつかむための「人間学」「人材論」「大局観」を語る。意外な転生の姿も明らかに。

1,400円

秋山真之の日本防衛論

同時収録 乃木希典・北一輝の霊言

日本海海戦を勝利に導いた天才戦略家・秋山真之が、国家防衛戦略を語る。さらに、日露戦争の将軍・乃木希典と、革命思想家・北一輝の霊言を同時収録！【幸福実現党刊】

1,400円

※表示価格は本体価格（税別）です。

大川隆法ベストセラーズ・神秘と霊能力

真実の霊能者

マスターの条件を考える

霊能力や宗教現象の「真贋《しんがん》」を見分ける基準はある――。唯物論や不可知論ではなく、「目に見えない世界の法則」を知ることで、真実の人生が始まる。

1,600円

エクソシスト概論

あなたを守る、「悪魔祓い」の基本知識Q＆A

悪霊・悪魔は実在する！ 憑依現象による不幸や災い、統合失調症や多重人格の霊的背景など、六大神通力を持つ宗教家が明かす「悪魔祓い」の真実。

1,500円

神秘学要論

「唯物論」の呪縛を超えて

神秘の世界を探究するなかに、人類の未来を拓く「鍵」がある。比類なき霊能力と知性が可能にした「新しき霊界思想」がここに！

1,500円

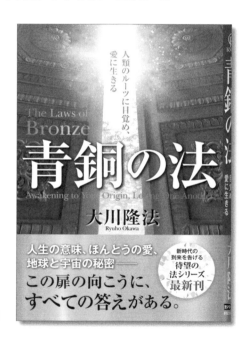

2019年2月22日(FRI) ロードショー

幸福の科学グループのご案内

宗教、教育、政治、出版などの活動を通じて、地球的ユートピアの実現を目指しています。

幸福の科学

一九八六年に立宗。信仰の対象は、地球系霊団の最高大霊、主エル・カンターレ。世界百力国以上の国々に信者を持ち、全人類救済という尊い使命のもと、信者は、「愛」と「悟り」と「ユートピア建設」の教えの実践、伝道に励んでいます。

（二〇一八年十二月現在）

愛

幸福の科学の「愛」とは、与える愛です。これは、仏教の慈悲《じひ》や布施《ふせ》の精神と同じことです。信者は、仏法真理をお伝えすることを通して、多くの方に幸福な人生を送っていただくための活動に励んでいます。

悟り

「悟り」とは、自らが仏の子であることを知るということです。教学《きょうがく》や精神統一によって心を磨き、智慧《ちえ》を得て悩みを解決すると共に、天使・菩薩《ぼさつ》の境地を目指し、より多くの人を救える力を身につけていきます。

ユートピア建設

私たち人間は、地上に理想世界を建設するという尊い使命を持って生まれてきています。社会の悪を押しとどめ、善を推し進めるために、信者はさまざまな活動に積極的に参加しています。

国内外の世界で貧困や災害、心の病で苦しんでいる人々に対しては、現地メンバーや支援団体と連携して、物心両面にわたり、あらゆる手段で手を差し伸べています。

年間約３万人の自殺者を減らすため、全国各地で街頭キャンペーンを展開しています。

公式サイト **www.withyou-hs.net**

ヘレン・ケラーを理想として活動する、ハンディキャップを持つ方とボランティアの会です。視聴覚障害者、肢体不自由な方々に仏法真理を学んでいただくための、さまざまなサポートをしています。

公式サイト **www.helen-hs.net**

入会のご案内

幸福の科学では、大川隆法総裁が説く仏法真理《ぶっぽうしんり》をもとに、「どうすれば幸福になれるのか、また、他の人を幸福にできるのか」を学び、実践しています。

入会

仏法真理を学んでみたい方へ

大川隆法総裁の教えを信じ、学ぼうとする方なら、どなたでも入会できます。入会された方には、『入会版「正心法語《しょうしんほうご》」』が授与されます。

ネット入会 入会ご希望の方はネットからも入会できます。
happy-science.jp/joinus

三帰《さんき》誓願《せいがん》

信仰をさらに深めたい方へ

仏弟子としてさらに信仰を深めたい方は、仏《ぶっ》・法《ぽう》・僧《そう》の三宝《さんぽう》への帰依を誓う「三帰誓願式」を受けることができます。三帰誓願者には、『仏説・正心法語』『祈願文《きがんもん》①』『祈願文②』『エル・カンターレへの祈り』が授与されます。

幸福の科学 サービスセンター
TEL 03-5793-1727 （受付時間／火～金：10～20時 土・日祝：10～18時（月曜を除く））

幸福の科学 公式サイト
happy-science.jp

ハッピー・サイエンス・ユニバーシティ
Happy Science University

ハッピー・サイエンス・ユニバーシティとは

ハッピー・サイエンス・ユニバーシティ（HSU）は、大川隆法総裁が設立された「現代の松下村塾」であり、「日本発の本格私学」です。
建学の精神として「幸福の探究と新文明の創造」を掲げ、チャレンジ精神にあふれ、新時代を切り拓く人材の輩出を目指します。

人間幸福学部　経営成功学部　未来産業学部

HSU長生キャンパス　TEL **0475-32-7770**
〒299-4325　千葉県長生郡長生村一松丙 4427-1

未来創造学部

HSU未来創造・東京キャンパス
TEL **03-3699-7707**
〒136-0076　東京都江東区南砂2-6-5　公式サイト **happy-science.university**

学校法人 幸福の科学学園

学校法人　幸福の科学学園は、幸福の科学の教育理念のもとにつくられた教育機関です。人間にとって最も大切な宗教教育の導入を通じて精神性を高めながら、ユートピア建設に貢献する人材輩出を目指しています。

幸福の科学学園
中学校・高等学校（那須本校）
2010年4月開校・栃木県那須郡（男女共学・全寮制）
TEL **0287-75-7777**　公式サイト **happy-science.ac.jp**

関西中学校・高等学校（関西校）
2013年4月開校・滋賀県大津市（男女共学・寮及び通学）
TEL **077-573-7774**　公式サイト **kansai.happy-science.ac.jp**

仏法真理塾「サクセスNo.1」

全国に本校・拠点・支部校を展開する、幸福の科学による信仰教育の機関です。小学生・中学生・高校生を対象に、信仰教育・徳育にウエイトを置きつつ、将来、社会人として活躍するための学力養成にも力を注いでいます。

TEL 03-5750-0747（東京本校）

エンゼルプランV　TEL 03-5750-0757

幼少時からの心の教育を大切にして、信仰をベースにした幼児教育を行っています。

不登校児支援スクール「ネバー・マインド」　TEL 03-5750-1741

心の面からのアプローチを重視して、不登校の子供たちを支援しています。

ユー・アー・エンゼル！（あなたは天使！）運動

一般社団法人 ユー・アー・エンゼル　TEL 03-6426-7797

障害児の不安や悩みに取り組み、ご両親を励まし、勇気づける、障害児支援のボランティア運動を展開しています。

NPO活動支援

いじめから子供を守ろうネットワーク

学校からのいじめ追放を目指し、さまざまな社会提言をしています。また、各地でのシンポジウムや学校への啓発ポスター掲示等に取り組む一般財団法人「いじめから子供を守ろうネットワーク」を支援しています。

公式サイト mamoro.org　ブログ blog.mamoro.org

相談窓口 TEL.03-5544-8989

百歳まで生きる会

「百歳まで生きる会」は、生涯現役人生を掲げ、友達づくり、生きがいづくりをめざしている幸福の科学のシニア信者の集まりです。

シニア・プラン21

生涯反省で人生を再生・新生し、希望に満ちた生涯現役人生を生きる仏法真理道場です。定期的に開催される研修には、年齢を問わず、多くの方が参加しています。全国163カ所、海外12カ所で開校中。

【東京校】TEL 03-6384-0778　FAX 03-6384-0779

メール senior-plan@kofuku-no-kagaku.or.jp

幸福実現党

幸福実現党 釈量子サイト shaku-ryoko.net

Twitter 釈量子@shakuryokoで検索

内憂外患《ないゆうがいかん》の国難に立ち向かうべく、2009年5月に幸福実現党を立党しました。創立者である大川隆法党総裁の精神的指導のもと、宗教だけでは解決できない問題に取り組み、幸福を具体化するための力になっています。

党の機関紙
「幸福実現NEWS」

幸福実現党 党員募集中

あなたも幸福を実現する政治に参画しませんか。

○幸福実現党の理念と綱領、政策に賛同する18歳以上の方なら、どなたでも参加いただけます。

○党費：正党員（年額5千円［学生 年額2千円］）、特別党員（年額10万円以上）、家族党員（年額2千円）

○党員資格は党費を入金された日から1年間です。

○正党員、特別党員の皆様には機関紙「幸福実現NEWS（党員版）」が送付されます。

＊申込書は、下記、幸福実現党公式サイトでダウンロードできます。

住所：〒107-0052 東京都港区赤坂2-10-8 6階 幸福実現党本部

TEL 03-6441-0754 FAX 03-6441-0764

公式サイト hr-party.jp 若者向け政治サイト truthyouth.jp

出版 メディア 芸能文化 幸福の科学グループ

幸福の科学出版

大川隆法総裁の仏法真理の書を中心に、ビジネス、自己啓発、小説など、さまざまなジャンルの書籍・雑誌を出版しています。他にも、映画事業、文学・学術発展のための振興事業、テレビ・ラジオ番組の提供など、幸福の科学文化を広げる事業を行っています。

アー・ユー・ハッピー？
are-you-happy.com

ザ・リバティ
the-liberty.com

幸福の科学出版
TEL **03-5573-7700**
公式サイト **irhpress.co.jp**

THE FACT

ザ・ファクト
マスコミが報道しない「事実」を世界に伝えるネット・オピニオン番組

ザ・ファクト 検索

NEW STAR PRODUCTION

ニュースター・プロダクション

「新時代の"美しさ"」を創造する芸能プロダクションです。2016年3月に映画「天使に"アイム・ファイン"」を、2017年5月には映画「君のまなざし」を公開しています。 公式サイト **newstarpro.co.jp**

ARI Production

ARI《アリ》 Production《プロダクション》

タレント一人ひとりの個性や魅力を引き出し、「新時代を創造するエンターテインメント」をコンセプトに、世の中に精神的価値のある作品を提供していく芸能プロダクションです。 公式サイト **aripro.co.jp**

大川隆法　講演会のご案内

大川隆法総裁の講演会が全国各地で開催されています。講演のなかでは、毎回、「世界教師」としての立場から、幸福な人生を生きるための心の教えをはじめ、世界各地で起きている宗教対立、紛争、国際政治や経済といった時事問題に対する指針など、日本と世界がさらなる繁栄の未来を実現するための道筋が示されています。

2018年7月4日 さいたまスーパーアリーナ「宇宙時代の幕開け」

2018年10月7日 ザ・リッツカールトン ベルリン（ドイツ）「Love for the Future」

2017年8月2日 東京ドーム「人類の選択」

2018年2月3日 都城市総合文化ホール（宮崎県）「情熱の高め方」

2018年11月25日 千歳市民文化センター（北海道）「繁栄を招くための考え方」

講演会には、どなたでもご参加いただけます。最新の講演会の開催情報はこちらへ。⟹ 大川隆法総裁公式サイト https://ryuho-okawa.org